Transformación digital

ADGD0010 Administración y gestión

EF/ADGD0010/FEB/25

Anagrama «LUCHA CONTRA LA PIRATERÍA», propiedad de Unión Internacional de Escritores.

Consejo de redacción

Olga de Vega Artalejo
Cristina Monge Pascual

Maquetación

Alicia Plaza Arija

Ilustración de cubierta

Ignacio Velasco Marugán

© Centro de Estudios ADAMS. Ediciones Valbuena
C/ Narciso Serra, 14
28007 Madrid
adamsediciones@adams.es
www.adams.es

ISBN: 978-84-1077-315-8
Depósito legal: M-4219-2025
Editado en febrero de 2025
Imprime: Ediciones Valbuena, S.A.
Impreso en España. Printed in Spain

Presentación

Comprometidos por ofrecer una propuesta formativa ajustada a las necesidades de la sociedad y del mercado de trabajo, Ediciones Valbuena presenta este manual para la Especialidad formativa de **Transformación digital**, perteneciente a la Familia profesional de **Administración y gestión**.

Esta **Especialidad formativa**, con una duración asociada de 20 horas, se integra en el Catálogo de especialidades con el código ADGD0010.

En la elaboración de los contenidos hemos pretendido garantizar la **adquisición, mejora y actualización de las competencias profesionales** requeridas en el mercado laboral, así como fomentar el **aprendizaje**.

En nuestra página web **www.edicionesvalbuena.es** estarás al día de todo en cuanto a información sobre cursos, productos y servicios se refiere, además tendrás la opción de dirigirnos cualquier consulta o sugerencia.

Esperando haber cumplido el objetivo propuesto, te expresamos nuestros mejores deseos de éxito.

Ediciones Valbuena

Índice

Iconos de Información

Definición

Recuerda

Ejemplo

Nota

Importante

Más información

Resumen

UNIDAD DIDÁCTICA 1

Introducción a la transformación digital

Contenido & Objetivos

Introducción

1. Identificación de los principales aspectos a considerar en la transformación digital de una empresa

2. Análisis de la digitalización en el contexto económico actual

3. Análisis de los potenciales beneficios de la transformación digital

4. Análisis del estado inicial de la empresa

5. Resumen de la priorización de actividades a realizar para la transformación digital de la empresa

Los **objetivos** de esta unidad son:

1. Identificar los aspectos principales para transformar digitalmente una empresa.

2. Analizar la situación actual mundial con respecto a la digitalización.

3. Entender cuáles son las diferencias entre digitalización y transformación digital.

4. Descubrir cuáles son los pilares en los que se basa la transformación digital.

5. Comprender qué beneficios proporciona la implementación de la transformación digital en las empresas.

6. Averiguar cómo se descubre el estado inicial de la empresa antes de implementar en ella la transformación digital.

7. Aprender qué actividades se deben desarrollar para realizar la transformación digital en la empresa.

Introducción

En términos de tecnología, se están produciendo muchos cambios en todo el mundo que prometen **nuevas direcciones y nuevos ritmos** en la historia de la humanidad. La integración de la tecnología en todos los ámbitos de la sociedad, la economía y la cultura contribuye a la transferencia de conocimiento y procesos diarios de las personas y empresas, señalando el camino a seguir y abriendo la puerta al progreso.

La cuarta revolución industrial se ha producido debido a la **revolución tecnológica**, que comenzó hace unos años con la introducción de Internet. Así pues, el mundo lleva mucho tiempo inmerso en una transición hacia un nuevo paradigma digital, donde las prácticas tradicionales y multiculturales coexisten con la tecnología en las actividades humanas.

Este nuevo pensamiento digital conduce a la creación de **nuevos modelos de negocio**. Estos modelos están diseñados para facilitar a los usuarios todo el proceso de captación de un nuevo cliente digital, desde el primer contacto con la empresa hasta el final de la relación con él. Por todas estas razones, es importante primero tener un conocimiento profundo de la tecnología de la información y sus factores de apoyo.

Comprender las realidades de una nueva economía facilita intercambiar bienes y servicios desde el teclado del ordenador o del dispositivo móvil, abriendo la puerta a un mundo de posibilidades para empresas, usuarios y clientes.

Uno de los mayores problemas de la humanidad es saber gestionar el caos actual creado por personas invisibles, los **agentes de cambio**. Así, las empresas y sus empleados deben aprender a cohabitar tanto con modelos de negocio tradicionales como con innovadores.

De esta forma, la transformación digital surge como un **proceso continuo y dinámico** que busca mantener a las empresas competitivas en un entorno empresarial en constante evolución.

1. Identificación de los principales aspectos a considerar en la transformación digital de una empresa

1.1. Concepto de transformación digital

 La transformación digital es el proceso de integrar tecnologías digitales en una empresa para optimizar sus operaciones. Esto conlleva planificar cambios estratégicos e implantar un cambio de mentalidad basado en tecnologías como inteligencia artificial (IA), la nube, Internet de las cosas (IoT), automatización y otras herramientas.

La transformación digital requiere cambios en la forma en que operan las empresas, cómo interactúan los clientes con los clientes, cómo se toman las decisiones y cómo se entregan los productos y servicios. Va más allá de la digitalización y tiene como objetivo aprovechar las oportunidades que brindan las tecnologías digitales para crear una ventaja competitiva, mejorar la experiencia del cliente, optimizar las operaciones y aumentar el trabajo creativo.

La transformación digital es importante para todas las empresas, ya sean pequeñas, medianas o grandes. A medida que evoluciona la era digital, es importante llevarla a cabo para seguir siendo relevante y competitivo.

Hoy en día, la capacidad de combinar bienes, servicios, ventas y marketing con un modelo centrado en el cliente determina el éxito de una empresa. La transformación digital es una realidad, no una estrategia. Para mejorar las operaciones y la experiencia del cliente, la empresa utiliza tecnología en estas áreas comerciales para garantizar la centralidad en el cliente y el enfoque regulatorio.

Su objetivo es situar a las empresas en un entorno digital para mejorar las operaciones, aumentar la productividad, crear mejores soluciones y abordar los desafíos tecnológicos que enfrentamos en la era digital. Esto se logra implementando tecnologías digitales e integrándolas en la misión central de la empresa.

Por lo tanto, este cambio afectará a la cultura de la empresa, a la forma en que trabajan los empleados y al servicio que puede brindar a sus clientes.

1.2. Diferencias entre digitalización y transformación digital

La **digitalización** puede definirse como la mejora de los procesos, servicios y operaciones comerciales mediante el uso de las habilidades adecuadas para integrar el nuevo entorno digital en el negocio. En definitiva, se puede resumir como el traspaso de la información de un formato físico a un entorno digital.

Un centro médico que almacena las historias clínicas de sus clientes en la nube en lugar de tener que manejarlas de manera física.

Además, los métodos de digitalización pueden introducir nuevos sistemas digitales para mejorar el desarrollo operativo y así obtener más beneficios. Para un negocio, adoptar la digitalización puede suponer nuevas oportunidades comerciales, puesto que la empresa consigue alcanzar una expansión. Sin embargo, el enfoque digital no cambia el desarrollo de la organización, pero le permite seguir avanzando en la transformación digital. En consecuencia, la digitalización es el camino hacia la transformación digital.

a) **Digitalización versus transformación digital**

- Digitalización:

  ⇨ Convertir información analógica en digital.

  ⇨ Puede ser parte de la transformación digital.

- Transformación digital:

  ⇨ Integración completa de tecnologías digitales en una organización.

  ⇨ Implica cambios más profundos en la organización en su conjunto.

Mientras la digitalización se centra en la integración de tecnologías, la transformación digital es un concepto complejo que requiere soluciones desde el entorno digital. Para iniciar la transformación digital, las empresas no solo tienen que adoptar nuevas tecnologías, sino que deben encontrar soluciones a problemas y procesos con la mejor tecnología digital.

A diferencia de la digitalización, la transformación digital no puede lograrse basándose en un único objetivo, ya que requiere la transformación de todo el negocio, incluidas las personas. Esto significa que el cambio no solo implica cambios en los usuarios, sino que, también, requiere apoyo de liderazgo y capacitación de los empleados para implementarlo. En este caso, se necesita un programa formativo.

Las empresas que deciden transformarse digitalmente deben adaptarse a las tendencias actuales. La transformación digital es la forma en que las empresas utilizan la tecnología con el objetivo de mejorar sus negocios. Por lo tanto, la participación de las personas y los procesos son importantes.

b) **Principales diferencias entre digitalización y transformación digital**

En la siguiente tabla se muestran las diferencias más importantes entre ambos:

	Digitalización	Transformación digital
Información	Procesamiento de datos.	Uso del conocimiento facilitado por información digital.
Cambios	Cambios radicales en procesos existentes.	Cambios en cultura corporativa.
Campo de actuación	Gestión de sistemas y servicios informáticos.	Se centra en tecnologías disruptivas.

En definitiva, la transformación digital se centra en el uso del conocimiento proporcionado por la información digital, mientras que la digitalización se centra en el procesamiento de datos. La digitalización requiere cambios radicales en los procesos existentes, mientras que la transformación digital requiere cambios en la cultura corporativa para pasar a un nuevo entorno empresarial. La digitalización es la gestión de sistemas y servicios informáticos y la transformación digital se centra en tecnologías disruptivas, es decir, innovaciones que buscan cambiar procesos establecidos.

2.　Análisis de la digitalización en el contexto económico actual

2.1.　Contexto

En tan solo unos años, la tecnología ha transformado a las personas, las economías, las relaciones sociales y la forma en que las empresas hacen negocios. La digitalización es una tendencia imparable. Este proceso involucra a todos los actores financieros, que deben adaptarse rápidamente a esta nueva situación. Solo así, los gobiernos, las empresas y los individuos podrán competir en igualdad de condiciones con otros países y empresas.

Muchos estudios muestran que el aumento de la productividad y el avance profesional son posibles si la digitalización está a la altura del desafío. Por tanto, gestionar adecuadamente la revolución digital es muy importante para la sociedad en la que vivimos como individuos.

De esta manera, el análisis de la digitalización en el contexto económico actual implica examinar cómo la adopción y el uso de tecnologías digitales afectan diversos aspectos de la economía.

Algunos puntos clave para considerar al analizar la digitalización en el ámbito económico son los siguientes:

▶ **Transformación de las empresas**

La digitalización ha llevado a una transformación significativa en la forma en que las empresas operan. La automatización de procesos, la implementación de sistemas de inteligencia artificial, el uso de big data y el análisis predictivo son ejemplos de cómo las empresas adoptan tecnologías digitales para mejorar la eficiencia, la toma de decisiones y la innovación.

▶ **Impacto en el empleo**

La digitalización puede tener un impacto en el mercado laboral. Mientras que algunas tareas pueden automatizarse, también se generan nuevas oportunidades de empleo relacionadas con la tecnología. La capacitación y la adaptabilidad de los trabajadores son fundamentales para abordar los desafíos y aprovechar las oportunidades creadas por la digitalización.

▶ **Cambio en los modelos de negocio**

La digitalización a menudo conduce a cambios en los modelos de negocio. Por ejemplo, la transición de modelos de negocio tradicionales a plataformas digitales, la oferta de servicios basados en suscripción y la creación de ecosistemas digitales son tendencias comunes. Ejemplos: muchos bancos tradicionales han desarrollado plataformas digitales para ofrecer servicios bancarios online, aplicaciones móviles y opciones de pago digital; empresas de medios de comunicación tradicionales han migrado hacia modelos de suscripción digital, ofreciendo contenido *Premium* a través de plataformas en línea y aplicaciones móviles.

▶ **Economía de plataformas digitales**

La aparición de plataformas digitales ha sido un aspecto destacado de la economía digital. Estas plataformas conectan a proveedores y consumidores de manera más eficiente, facilitando transacciones comerciales, servicios y colaboración.

▶ **Globalización y comercio electrónico**

La digitalización ha permitido una mayor globalización de los negocios, facilitando el comercio electrónico y permitiendo a las empresas alcanzar mercados internacionales de manera más accesible. Esto ha llevado a cambios en las cadenas de suministro y en la dinámica del comercio global.

▶ **Datos y privacidad**

La digitalización implica la recopilación masiva de datos. La gestión adecuada de estos datos es crucial para garantizar la privacidad y la seguridad de los usuarios. La regulación en torno a la protección de datos, como el Reglamento General de Protección de Datos (GDPR) en la Unión Europea, ha ganado importancia en este contexto.

▶ **Innovación y competitividad**

La digitalización fomenta la innovación al proporcionar nuevas oportunidades para el desarrollo de productos y servicios. Las empresas que adoptan tecnologías digitales de manera efectiva pueden aumentar su competitividad en el mercado.

▶ **Infraestructura digital**

El acceso a una infraestructura digital sólida, que incluye conectividad de banda ancha y tecnologías emergentes como la 5G, es esencial para aprovechar al máximo los beneficios de la digitalización.

▶ **Desafíos de inclusión digital**

A medida que la economía se digitaliza, es importante abordar los desafíos de inclusión digital para garantizar que todos los sectores de la sociedad puedan beneficiarse de las oportunidades creadas por la tecnología.

▶ **Resiliencia y riesgos cibernéticos**

La creciente dependencia de la tecnología digital también conlleva riesgos, como ciberataques. La resiliencia cibernética se vuelve crucial para garantizar la estabilidad y seguridad de las infraestructuras digitales.

2.2. Pilares de la transformación digital

2.2.1. Diversidad de opiniones

 Cuando se habla de **transformación digital**, nos referimos al proceso de transición que enfrentan las organizaciones para adaptarse a los hechos revolucionarios provocados por la aparición de nuevas tecnologías, proporcionando efectividad y eficiencia a su actividad y beneficiando al destinatario final.

Existe diversidad de opiniones en torno a cuáles son los pilares sobre los que se fundamenta la transformación digital. Veamos algunas de ellas:

1. **Arana**

   En su blog TTANDEM, Arana cree que la transformación digital se sustenta en cuatro pilares: tecnología, experiencia del cliente, cultura empresarial y objetivos empresariales.

   Algunos emprendedores se sienten frustrados cuando creen que la transformación digital es un cambio enorme que no pueden afrontar en un corto período de tiempo. En cambio, la digitalización debe verse como un proceso continuo basado en las fortalezas y necesidades de cada empresa. Se debe considerar que su implementación afecta a todos los miembros de la organización.

   Para gestionar con éxito este cambio es necesario centrarse en tres ejes principales:

   - Impulsar procesos eficientes y flexibles que ayuden a retener el talento.

   - Desarrollar habilidades de liderazgo con la capacidad de generar nuevas ideas.

- Comprender a los clientes a través de una gestión eficaz de datos.

La digitalización requiere tener en cuenta las necesidades futuras, por lo que esto es importante para cualquier plan de negocio.

2. **Carla López Adrover**

Carla López Adrover, en el "IV Webinar COMPASSS: la Transformación Digital en las entidades del Tercer Sector: retos y cómo abordar el proceso", manifestó que son cinco pilares los que sustentan el concepto de transformación digital: experiencia del cliente, cultura de cambio, cadena de valor, gestión de datos y tecnología en todas las etapas. Como explicó López Adrover, es por todos estos factores que el término transformación digital cobra sentido.

2.2.2. Análisis de los pilares

Analicemos cada uno de ellos:

a) **Experiencia del cliente.** Se crea personalizando e involucrando a los usuarios como parte del proceso. Lo que se espera conseguir con esto es llegar a más personas, amplificar el mensaje y crear experiencias únicas y auténticas.

Veamos ejemplos de herramientas y sistemas de experiencia del cliente:
- CRM: es una estrategia de marketing relacional que entiende que su tesoro más importante son sus clientes y hace todo lo posible por ponerlos en el foco de toda su atención.
- Social CRM: es una herramienta de gestión de relaciones con los clientes que aprovecha la información disponible de las personas en las redes sociales.
- Redes sociales.
- Métodos de pago online: tarjetas de crédito/débito, PayPal, transferencias bancarias, Google Pay, criptomonedas, etc.
- SEO (*Search Engine Optimization*): optimización de motores de búsqueda. Consiste en hacer que el contenido aparezca en los primeros resultados de búsqueda.
- SEM (*Search Engine Marketing*): marketing en buscadores. Se trata de crear anuncios o enlaces patrocinados en los motores de búsqueda.

b) **Cultura del cambio.** Este término se centra en orientar la estrategia digital y gestionar la innovación digital, con el objetivo de hacer que las organizaciones sean ágiles, inteligentes, empoderadas y flexibles ante diversos cambios.

Ejemplos de herramientas que favorecen la cultura del cambio:

⇨ Sistemas de archivo en la nube como Drive o SharePoint.

⇨ Plataformas colaborativas como Teams, Google G Suite o Asana.

⇨ Aplicaciones de videollamada o aplicaciones de dinámica virtual: Zoom, Skype, Google Meet, WhatsApp, GoToMeeting, etc.

c) **Cadena de valor.** Pretende optimizar los procesos clave, estratégicos y de soporte mediante la digitalización, automatización e integración. Buscando, así, llegar a un punto en el que los profesionales estén haciendo aquello que más valor aporta a las personas destinatarias.

- Softwares de gestión como ERP: herramienta informática que permite gestionar los diferentes departamentos de una empresa y que proporciona acceso instantáneo a la información. Ayuda a mejorar la competencia, la productividad y la eficiencia mediante el uso de una única base de datos para optimizar y cambiar los procesos.

- Software de gestión de recursos humanos, de proyectos y de personas usuarias de servicios: un software de recursos humanos es una herramienta digital diseñada para facilitar la contratación, gestión y control de los recursos humanos en una organización. Estos recursos están diseñados para automatizar procesos para mejorar la gestión de los empleados y reducir la burocracia.

- Un software de gestión de proyectos reúne equipos para que todos en la organización puedan coordinar tareas críticas.

- Virtualización de escritorios (VDI): se refiere al uso de máquinas virtuales para configurar y administrar escritorios virtuales. La VDI aloja el espacio del escritorio en un servidor central y lo asigna a los usuarios según sea necesario.

- Wikis y comunidades de aprendizaje digital.

- Plataformas de e-learning.

d) **Gobierno de datos.** Tiene como objetivo promover y apoyar el uso de datos en una organización mediante la gestión del ciclo de datos. Esto les ayudará a tomar mejores decisiones en función de sus necesidades y comprender la organización.

Visualizadores y análisis de datos como Power BI o Tableau:

- Power BI es una plataforma interactiva y escalable para inteligencia empresarial (BI) y automatización.

- Tableau es una novedosa plataforma que posibilita buscar y organizar la información. Asimismo, permite descubrir y compartir información más rápidamente a fin de generar grandes cambios en los negocios y en el mundo.

Servicios web, o web services, como Apache Spark o MongoDB:

- Los servicios web son un medio de comunicación entre máquinas conectadas a Internet. En el mundo online se han vuelto muy populares, tanto en sitios web como en lugares públicos. Generalmente la comunicación se basa en el envío de solicitudes y respuestas entre el cliente y el servidor, que incluyen datos.

- Apache Spark es el motor de código abierto más rápido para aplicaciones de inteligencia artificial y aprendizaje automático, impulsado por la comunidad de código abierto más grande en big data.

- MongoDB es un sistema de gestión de bases de datos no relacional (DBMS) de código abierto que utiliza registros dinámicos en lugar de tablas y filas para organizar y almacenar diferentes tipos de datos.

e) **Tecnología.** La tecnología mejorará todos los aspectos mencionados a través de nuevos equipos y diversos servicios.

Existen cuatro tecnologías clave en la transformación digital que se pueden resumir en:

- Internet de las cosas: formas de conectar cosas cotidianas a Internet, desde elementos comunes, como bombillas, hasta productos sanitarios como dispositivos médicos; también dispositivos personales inteligentes e incluso sistemas de ciudades inteligentes. El Internet de las cosas está captando la atención de los consumidores, cuyas experiencias con tecnologías como los relojes inteligentes se ven atenuadas por preocupaciones sobre la seguridad y la privacidad de una conectividad siempre activa. Las soluciones empresariales del Internet de las cosas permiten modernizar los procesos comerciales y construir nuevas relaciones con clientes y socios, pero también enfrentan desafíos.

- Inteligencia artificial: incluye algoritmos diseñados para crear capacidades humanas y de máquinas. Se trata de una tecnología que todavía nos resulta lejana y misteriosa, pero que está presente en nuestro día a día desde hace muchos años.

- Cloud computing o computación en la nube: se refiere a la densidad de servicios en la nube, que es un área donde la inteligencia artificial recibe, comparte y comparte información dinámica en Internet.

- Machine learning (aprendizaje automático): es una disciplina del campo de la inteligencia artificial en la que, a través de algoritmos, los ordenadores pueden identificar patrones en datos masivos (big data) y hacer predicciones (análisis predictivo). Este aprendizaje permite a los ordenadores realizar ciertas tareas de forma independiente, es decir, sin programación.

f) **Metodologías.** La transformación digital ha dejado obsoletos muchos métodos y herramientas utilizados en el pasado y ya no funcionan. Debemos centrarnos en el entorno VUCA en el que trabajamos y vivimos (abreviatura en inglés de volátil, incierto, complejo y ambiguo).

Estos nuevos métodos y herramientas son necesarios para lograr resultados y ayudan a las empresas a ser innovadoras y competitivas:

- *Lean startup*: enfoque de trabajo que está enfocado a la excelencia y el aprendizaje continuo, lo que permite crear, medir y aprender de los errores a través de un proceso iterativo que se adapta al panorama industrial emergente.

- *Design thinking*: proceso destinado a encontrar soluciones a los problemas partiendo de un reto. Se divide en cinco partes: empatía, definición, ideación, prototipado y validación. Una vez que se completa el trabajo, se puede regresar a cualquier fase para comenzar una nueva iteración.

- *Lean UX*: metodología ágil enfocada a la creación de productos digitales a través de equipos multifuncionales e iteración continua. En lugar de adoptar un enfoque fijo y estático, *Lean UX* adopta un enfoque revolucionario para crear, medir y aprender.

- *Scrum*: proceso de gestión de proyectos que ayuda a los equipos a utilizar valores, principios y prácticas para diseñar y gestionar proyectos. El método Scrum anima a los equipos a aprender de la experiencia, mejorarse a medida que resuelven problemas y reflexionar sobre sus éxitos y fracasos para mejorar.

- *Growth hacking*: disciplina que permite ver el número de usuarios, los ingresos o el rendimiento de la empresa más rápido con la menor cantidad de dinero y esfuerzo.

- Modelo *business Canvas*: herramienta creativa e innovadora que permite entender de forma rápida, fácil y clara dónde se encuentra ahora la empresa, qué activos tiene y el camino que debe tomar para alcanzar sus objetivos a través de nueve bloques.

- Kanban: metodología que propone una nueva forma de gestionar las cosas fácilmente, diseñada para provocar un aumento en el rendimiento de las personas. Para lograr esto, se proporciona una distribución constante del trabajo, incluido el monitoreo del flujo de trabajo para que se puedan realizar los cambios apropiados durante todo el proceso con el fin de aumentar la eficiencia.

- *Kaizen*: metodología de manera continua que se centra en estrategias de desarrollo aplicables en diferentes ámbitos, como nuestra sociedad o la vida personal. Cuando se utiliza en los negocios, el objetivo es crear una cultura corporativa en la que participen todos los empleados. Al eliminar el desperdicio del proceso de fabricación, el proceso de mejora comienza a tomar decisiones y avanzar en el tiempo, en lugar de retroceder.

3. Análisis de los potenciales beneficios de la transformación digital

La transformación digital es un proceso integral que aporta importantes beneficios a los consumidores y las empresas. Los más importantes son:

a) Aumentar la satisfacción de los clientes

Por un lado, los clientes quieren servicios que satisfagan sus necesidades, por otro lado, quieren que las cosas se automaticen y no quieren interactuar con un humano para hacer cosas como buscar, actualizar, detener y reiniciar programas. Una de las principales ventajas de digitalizar un negocio es que se pueden utilizar herramientas y procesos digitales, como modificar licencias por ubicación o por sector. Estos procesos automatizados aumentan directamente la satisfacción del cliente.

b) Mejorar las estrategias de marketing digital

La forma en que los consumidores interactúan con la tecnología ha cambiado. Los consumidores de hoy esperan que sus necesidades sean satisfechas a través del comercio electrónico. Esto es una llamada a las empresas no solo para utilizar lo digital como herramienta de marketing, sino también para explorar el potencial de utilizar estas herramientas como un mercado clave para el futuro.

La transformación digital te permite expandir tu mercado, llegar a nuevas audiencias y generar mayores ganancias. Es por esto que muchas empresas, durante la emergencia sanitaria, comprobaron cómo les resultaba más barato y eficiente vender sus productos online, por lo que cerraron sus tiendas y eligieron el comercio electrónico como la mejor forma de vender.

c) Llegar al público adecuado

Hoy en día, la mayoría de las personas dedican su tiempo a navegar por Internet y consultar las redes sociales. Las empresas pueden utilizar esta información para desarrollar estrategias de marketing para estos anuncios y sus usuarios, aumentando así las perspectivas.

Podemos decir que la transformación digital es la forma en que las empresas mejoran el marketing digital y aumentan la experiencia del cliente.

d) Mejorar procesos

El trabajo sencillo y sin esfuerzo es, sin ninguna duda, una de las estrategias de negocio que permiten a las empresas alcanzar sus objetivos, y la transformación digital es una forma para que los departamentos reduzcan costes y consigan grandes resultados.

Cuando integras la tecnología digital en tu vida diaria, liberas a tus empleados de tareas innecesarias y centras sus habilidades en lo más importante.

Al mismo tiempo, proporcionar a los empleados y socios nuevas tecnologías que respalden y mejoren su trabajo requiere flexibilidad y capacidad de organizar las cosas, lo que puede mejorar sus resultados.

e) Fortalecer las relaciones con los clientes

Hoy en día ya no es necesario hacer suposiciones e investigaciones complejas para comprender las necesidades de los clientes, ya que la tecnología digital puede medir el comportamiento de la audiencia, comparar sus compras, crear soluciones personalizadas basadas en un plan de análisis de datos, etc. Cuando combinas tecnología de minería de datos e inteligencia artificial en tu empresa, puedes comprender a tus clientes para construir relaciones sólidas y exitosas.

Además, la transformación digital permite a las empresas realizar un seguimiento continuo de la trayectoria de sus clientes. Esta es una oportunidad única para mejorar la experiencia de su marca en una variedad de plataformas y canales digitales.

f) Generar conocimientos basados en datos

Uno de los aspectos más importantes de la transformación digital es que las empresas pueden recopilar y analizar datos, para convertir en información útil que genere ingresos. En el pasado, los datos estaban dispersos en múltiples plataformas no relacionadas o, peor aún, es posible que no fueran recopilados ni utilizados en absoluto. La transformación digital permite la recopilación eficiente de datos, el almacenamiento centralizado de los mismos y la creación de herramientas para analizar y transformar datos en información que respalde las decisiones comerciales.

g) Enfrentarse a más competencia

La transformación digital permite a las empresas adaptar sus modelos de negocio y cultura organizacional a las nuevas tecnologías para obtener una ventaja competitiva.

h) **Fomentar la colaboración y mejorar la comunicación**

Para impulsar la innovación y la creatividad, se necesita una plataforma digital que facilite la comunicación y la colaboración entre todos los departamentos internos. La transformación digital elimina la comunicación, la redundancia, los tiempos de respuesta lentos, la pérdida de información y el intercambio ineficiente de ideas. Cuando las comunicaciones internas de la empresa se digitalizan, la productividad, la capacidad de respuesta y la eficiencia aumentan, obteniendo la ventaja que se necesita para vencer a la competencia.

i) **Limitar el error humano**

El beneficio innegable de la digitalización es la eliminación de errores en los procesos digitales al eliminar las entradas manuales ineficaces y que consumen mucho tiempo. La tecnología digital es más predecible y arriesgada que cualquier tecnología que involucre a personas que viven sus vidas con errores.

j) **Facilitar el crecimiento digital futuro**

Los beneficios finales de la transformación digital son importantes. La transformación digital es el primer paso y sienta las bases para el crecimiento de todo el negocio. Sin invertir en la transformación empresarial digital, la empresa será ineficaz.

La transformación digital no es opcional. Para sobrevivir al tsunami digital que arrasa el mundo, es necesario realizar cambios. Si se hace esto, la empresa se beneficiará de la transformación digital y se mantendrá activa y productiva en los años venideros.

4. Análisis del estado inicial de la empresa

Las empresas deben plantearse algunas preguntas importantes que les ayudarán a obtener la información necesaria al inicio de una transformación digital de su negocio. Pueden ser preguntas y respuestas como las siguientes:

▶ ¿Para qué?

Para proporcionar a las empresas ideas digitales que puedan ayudar a mejorar la experiencia del usuario o del cliente.

▶ ¿Por qué?

Porque este cambio será un gran apoyo para que las empresas sobrevivan en la nueva era digital.

▶ ¿Cuándo?

Desde el primer momento que se conozcan los cambios que se producirán a medida que se introduzcan nuevas tecnologías y cómo esos cambios afectarán la longevidad de la empresa.

▶ ¿Como?

Al analizar las necesidades globales y cómo impactan a las personas, se vuelven a definir los objetivos comerciales, conociendo las nuevas tecnologías para que puedan usarse en contextos comerciales reales.

 Las respuestas a estas preguntas pueden confundir a las mentes empresariales, pero pronto aparecerán emociones contrarias al enfrentarse a los problemas de cualquier proceso disruptivo.

5. Resumen de la priorización de actividades a realizar para la transformación digital de la empresa

5.1. Objetivos

Hay muchas incertidumbres en el mundo digital, lo que inevitablemente requiere que las organizaciones estén bien preparadas. El objetivo es eliminar el miedo al cambio, lo cual es comprensible porque salir de la zona de confort no es fácil. Para ello, se debe:

- Difundir palabras que alienten y despierten la apatía de los empleados.

- Facilitar el aprendizaje y enseñar nuevas habilidades digitales.

- Fomentar una cultura colaborativa en el trabajo.

- Incrementar la fidelidad a la organización.

Para garantizar que una estrategia previa esté dirigida a lograr estos objetivos, las empresas pueden adoptar los siguientes métodos:

⇨ **Cultura digital**: se deben preparar métodos para reclutar talentos digitales y hacer que estos desplieguen la cultura de la empresa.

⇨ **Orientación al cliente**: es necesario conectar con los clientes y promover ideas comerciales que sean relevantes para ellos.

⇨ **Redes sociales corporativas**: pueden utilizarse para convertir a los empleados en verdaderos embajadores de la empresa.

⇨ **Capacitación profesional**: los profesionales necesitan formación para trabajar juntos.

⇨ **Liderazgo sin cargo**: se debe promover el liderazgo sin cargo y cada miembro debe sentirse un líder, independientemente de su cargo.

Al utilizar estos recursos, las empresas pueden inspirar a empleados comprometidos con la organización y preparados para afrontar los cambios que se produzcan.

Cuando toda la organización (incluidos todos los miembros) haya creado el conocimiento necesario, debe estar preparada para afrontar la revolución digital.

5.2. Pasos

A continuación, se indican, de manera resumida, los pasos que se deberán realizar:

1. **Definir estrategias y objetivos**

   Como punto de partida se debe establecer una visión y desarrollar un plan de acción con estrategias hacia la transformación digital a corto y largo plazo. Asimismo, los líderes deben ser capaces de alcanzar objetivos y tener habilidades innovativas.

   De igual forma, es necesario conocer a los competidores, su posición (SEO) y todos los datos necesarios para crear una perspectiva global de la empresa.

2. **Diseñar y optimizar tecnologías**

   Es importante que las empresas analicen las áreas específicas que se beneficiarán y determinen la tecnología más adecuada para superar los desafíos y alcanzar las metas. Es evidente que es importante desarrollar nuevas estrategias y modelos de negocio que incorporen las tecnologías digitales.

3. **Implementar tecnologías**

   Resulta fundamental integrar tecnologías y soluciones digitales asegurándose de que los procesos y servicios se integren perfectamente en los procesos existentes. Además, los empleados necesitan formación y apoyo para utilizar nuevas herramientas.

   Asimismo, el liderazgo digital incluye habilidades de gestión y habilidades de enfoque digital que motivan e inspiran a grupos de empleados a utilizar las últimas herramientas disponibles.

Es necesario crear un cambio cultural hacia la innovación en el que todos en la organización se den cuenta de que son parte del mundo digital emergente.

4. **Monitorear y realizar una mejora continua**

Se trata de establecer métricas y KPI's para evaluar el éxito y el impacto de la transformación digital. Posteriormente, habrá que continuar revisando y ajustando la estrategia y las soluciones en función de los resultados y las necesidades cambiantes.

La transformación digital se refiere al proceso de **integrar tecnologías digitales** en todos los aspectos de una organización, cambiando fundamentalmente la forma en que opera y entrega valor a sus clientes. Los pilares de la transformación digital son los elementos fundamentales que sustentan este proceso.

Es importante destacar que la **digitalización** es un componente de la transformación digital, pero la transformación digital va más allá al redefinir fundamentalmente cómo una organización opera en la era digital.

El análisis de la digitalización en el contexto económico actual implica considerar estos aspectos interrelacionados para **comprender mejor** cómo la tecnología está dando forma a la economía y cómo los actores económicos pueden adaptarse y prosperar en este entorno cambiante.

Además, la transformación digital de una empresa implica la **integración** de tecnologías digitales en todos los aspectos de su operación para mejorar la eficiencia, la productividad y la capacidad de adaptación al cambio. La priorización de actividades es esencial para garantizar que la transformación sea efectiva y genere resultados significativos.

En resumen, la transformación digital puede ser un **catalizador** para el crecimiento y la mejora en diversos aspectos de una organización, desde la eficiencia operativa hasta la satisfacción del cliente y la capacidad de innovar. Sin embargo, es importante destacar que la implementación exitosa de la transformación digital requiere una planificación cuidadosa, la participación de todo el personal y una gestión efectiva del cambio.

UNIDAD DIDÁCTICA 2

*La transformación digital
en la empresa*

Contenido & Objetivos

Introducción

1. Clasificación de los impactos de la transformación digital en la empresa

2. Proceso de transformación en las organizaciones

3. Proceso de transformación digital en el modelo de negocio

4. Proceso de transformación digital en los canales de venta y comunicación

5. Proceso de transformación digital en los procesos

6. Aspectos importantes de la transformación digital en las personas

7. Proceso de transformación digital en las finanzas

8. Aplicación de los conocimientos en casos de estudio

Los **objetivos** de esta unidad son:

- Definir el proceso de transformación digital de la empresa.

- Conocer cuál es el impacto de la transformación digital en las organizaciones, el modelo de negocio, los canales de venta y comunicación, los procesos, las personas o las finanzas.

- Descubrir casos reales de empresas que han implementado la transformación digital.

Introducción

La transformación digital ha sido un **tema crucial** para las empresas en las últimas décadas debido a su impacto en la forma en que operan, interactúan con los clientes y compiten en el mercado.

En esta unidad veremos cuál es el **impacto de la transformación** en ámbitos como: las organizaciones, el modelo de negocio, los canales de venta y comunicación, los procesos, las personas o las finanzas.

Así, la transformación digital es fundamental para que las organizaciones prosperen en la economía digital actual. Aquellas que no se adapten corren el riesgo de quedarse rezagadas y perder competitividad en el mercado.

Igualmente, la transformación digital está revolucionando la forma en que las empresas **operan y compiten en el mercado**. Su impacto en el modelo de negocio es significativo y puede ser vital para la supervivencia y el éxito de una empresa a largo plazo.

Además, la transformación digital está **cambiando** fundamentalmente la forma en que las personas interactúan con la tecnología, con las organizaciones y entre sí.

1. Clasificación de los impactos de la transformación digital en la empresa

La transformación digital ha revolucionado nuestras vidas y nuestra comprensión del mundo. Este cambio tecnológico afecta de diferentes maneras a todos los ámbitos, pero más importante al laboral y empresarial. Ante el cambio, las organizaciones deben poder gestionar y adaptarse a nuevos modelos como la digitalización. Ambos se enfrentan a un mundo en constantes cambios, de conectividad y de automatización e innovación, los cuales deben ser entendidos y adaptados a sus negocios.

Independientemente del sector o industria, para Suárez Bernal (2023) existen cuatro tipos de transformación digital que las empresas pueden emprender. Los cuatro pueden ser muy relevantes, por lo que elegir dónde buscar primero depende de las metas y objetivos de cada empresa. Veamos cada uno de ellos:

a) Empresarial u operativo

Se enfoca en optimizar los sistemas internos de la organización. Incluye la implementación de tecnologías digitales para mejorar la eficiencia y la productividad en diversas áreas como la cadena de suministro, gestión de stocks, fabricación, etc.

- Integración de dispositivos conectados a Internet (Internet de las cosas) en los procesos empresariales para recopilar datos en tiempo real y optimizar operaciones, como sensores en maquinaria de producción o sistemas de seguimiento de inventario.

- Adopción de servicios en la nube para almacenar datos o alojar aplicaciones empresariales.

b) Modelo de negocio

Aquí la empresa pretende utilizar la tecnología para actualizar su modelo de negocio actual. En este punto, debe revisar y mejorar la forma en que crea y administra sus clientes.

Esto puede incluir la creación de nuevos modelos de negocio basados en plataformas, suscripciones, recursos financieros, etc. La idea es encontrar formas de alterar el mercado.

Dispositivos portátiles de la temática de salud y sensores conectados a Internet que permiten a los pacientes monitorear su salud y compartir datos con los profesionales médicos para un seguimiento más preciso y personalizado.

Compañías de transporte y logística que utilizan tecnologías de seguimiento en tiempo real, análisis de datos y enrutamiento optimizado para mejorar la eficiencia de la cadena de suministro y la entrega de productos.

c) Dominio empresarial

El propósito aquí es que, gracias a la introducción de tecnología, sea posible capturar nuevos segmentos de mercado, lo que se puede lograr mediante nuevos servicios o la expansión de los servicios existentes.

El objetivo es, por tanto, mejorar la relación entre una organización y sus clientes. La experiencia del cliente desempeña un papel importante a la hora de proporcionar interacciones colaborativas fluidas desde el marketing hasta el servicio posventa a través de diversos canales, como el móvil o la página web.

Implementación de sistemas de punto de venta (POS) móviles para agilizar el proceso de pago.

Uso de análisis de datos para personalizar recomendaciones de productos y ofertas.

d) Cultural y organizacional

Se centra en los cambios culturales y organizativos necesarios para una transformación digital exitosa. Engloba la filosofía de colaboración, innovación y aprendizaje de la empresa. También puede incluir cambios en las estructuras de la empresa para facilitar la toma de decisiones y la colaboración a largo plazo y promover la adopción de tecnologías digitales en todas las áreas.

Fomentar una cultura que valore la innovación y la experimentación, donde los empleados se sientan cómodos proponiendo nuevas ideas y soluciones digitales.

Impulsar el trabajo colaborativo y el intercambio de conocimientos a través de plataformas digitales y herramientas de colaboración en línea, rompiendo las barreras de tiempo y espacio.

En resumen, la transformación digital tiene un impacto profundo y multifacético en las empresas, que abarca desde la optimización de las operaciones internas hasta la reinvención de los modelos de negocio y la cultura organizacional. Es fundamental para las empresas comprender y gestionar estos impactos de manera efectiva para prosperar en la era digital.

2. Proceso de transformación en las organizaciones

2.1. Introducción

Para implementar un cambio en la organización y comenzar el proceso de transformación digital, es importante considerar algunos puntos importantes que ayudarán a iniciarse con la tecnología:

a) Inversión en formación

Una de las cosas más importantes para iniciar el cambio en tu organización es que los empleados estén informados y formados sobre los cambios y su impacto.

Invertir en la formación de los empleados sobre nuevos métodos y procedimientos no solo traerá beneficios y rapidez de implementación, también los convertirá en parte del cambio organizacional y en un componente esencial de la innovación. Además de la formación, también es importante informar adecuada y sistemáticamente a todo el equipo sobre cómo, qué implementar y cuándo implementarlo.

b) Uso de herramientas colaborativas

Una forma sencilla y rentable de iniciar la transformación digital en la empresa es utilizar herramientas colaborativas.

El uso de software o plataformas que permitan la colaboración a través de un modelo de almacenamiento basado en la nube simplificará la colaboración y la comunicación entre grupos de trabajo.

Además, estas plataformas no solo facilitan la colaboración entre operaciones dentro de la misma empresa, también brindan una comunicación rápida y eficiente con clientes y socios que administran las operaciones y aumentan la productividad del equipo.

c) Creación de una reputación digital sólida

Un aspecto importante a considerar al implementar la innovación digital en una organización es garantizar la creación de una reputación digital sólida que esté alineada con los valores y la identidad de la empresa.

Los nombres digitales son las percepciones que los consumidores tienen de las empresas en línea. Para garantizar que nuestra empresa sea visible en el entorno digital, debemos estar allí; creando contenido para las redes sociales y creando un sitio web que conecte el trabajo de nuestro equipo con nuestros clientes.

d) Implantación de soluciones innovadoras que beneficien a los empleados

El proceso de transformación digital está estrechamente vinculado al desarrollo y mejora de soluciones innovadoras. Sin embargo, además de la priorización de la tecnología, las soluciones que se centran en el bienestar de la organización y la base de empleados que la crea también juegan un papel clave.

El hecho de invertir en soluciones que automaticen tareas permite la medición de datos, el análisis del desempeño y la mejora. El conocimiento de los empleados, el trabajo al que dedican su vida y la creación de conexiones digitales son las claves para gestionar con éxito un negocio en un mundo digital cambiado.

La inversión en I+D+i (investigación, desarrollo e innovación) es un método importante para el desarrollo organizacional y la creación y uso de nuevas soluciones tecnológicas.

Las empresas que están comprometidas con la innovación tienen más probabilidades de implementar y adaptar innovaciones diseñadas para estimular y acelerar la transformación de nuevos negocios.

e) Gestión de bases de datos o de big data

Uno de los mayores avances en nuevas tecnologías en las empresas es la facilidad para construir grandes bases de datos. Con la ayuda de big data, las organizaciones pueden encontrar información sobre los intereses y necesidades de su público, lo que ayuda a segmentarlo y crear nuevos segmentos de mercado.

Los avances tecnológicos no consisten solo en recopilar datos, también en presentarlos de forma clara y transparente para que las empresas puedan trabajar de forma rápida y sencilla.

f) Compromiso de los distintos departamentos de la empresa

Para hacer realidad la transformación digital de la empresa se requiere el compromiso y la cooperación de todos los departamentos de la empresa.

Este proceso de cambio es importante que se fomente sobre todo en la parte más alta del organigrama empresarial, dado que los directivos y managers serán los responsables de fomentar e impulsar el uso de nuevas tecnologías y procesos.

2.2. Importancia del líder digital

2.2.1. Habilidades y capacidades

Según López Benítez (2021), los líderes digitales son profesionales altamente capacitados y preparados para afrontar los desafíos de integrar nuevas tecnologías a los sistemas empresariales.

Las comunicaciones digitales modernas requieren liderazgo. Los profesionales que se ocupan de este tema deben tener ciertas habilidades y capacidades:

⇨ **Espíritu emprendedor**

Un excelente líder digital se enfrenta con entusiasmo a lo inesperado. Le gusta lo imprevisible y siempre quiere hacer cosas nuevas digitalmente.

⇨ **Habilidades interpersonales**

Los líderes digitales tienen las habilidades de comunicación para alentar a las personas a conectarse y saben cómo utilizar la hiperconectividad de forma natural.

⇨ **Empoderador de personas**

Un líder digital no gestiona un equipo ni lo entrena, pero puede inculcarle una motivación intrínseca, empoderarlo y mantenerlo comprometido.

⇨ **Transformador de entornos**

Los líderes digitales son transformadores de entornos que sirven como agentes de cambio en sus organizaciones. También son creadores de ideas.

⇨ **Influenciador**

La influencia de los líderes digitales puede trascender las fronteras organizacionales. Utilizan su poder a través del medio digital.

2.2.2. Rol especial

Además, el líder digital desempeña un rol especial en la organización de la siguiente manera:

▶ Promueve la participación de la organización en las actividades digitales de la empresa.

▶ Sirve de guía en todo el proceso con una perspectiva global.

▶ Fomenta la cultura digital.

▶ Capacita a sus colaboradores para que sean agentes de cambio.

En definitiva, para sostener la transformación digital de una empresa, los líderes digitales deben estar preparados para enfrentar los siguientes desafíos y dificultades en el trabajo:

- Las empresas, por su propia naturaleza, se resisten al cambio.

- Los trabajadores carecen de habilidades digitales.

- Concentración de los procesos actuales.

- Falta de infraestructura digital.

3. Proceso de transformación digital en el modelo de negocio

3.1. Introducción

Estamos transformando nuestro negocio mediante el uso de datos para crear nuevos modelos de análisis interactivo y en tiempo real. Al implementar soluciones TI en la empresa aseguramos la digitalización de la misma, un modelo que nos permite actualizar la forma de hacer negocios de la empresa, romper con viejos métodos y conectar servicios y productos trabajando en un entorno digital.

Las **soluciones de tecnologías de la información** (TI) son "el conjunto de aplicaciones y servicios software destinados a almacenar, recuperar, transmitir y manipular los datos generales en las empresas" (DynamizaTYC).

La implementación de dispositivos electrónicos en las empresas ayuda a optimizar los productos y las actividades diarias, especialmente en la comunicación entre empleados y clientes, al facilitar la comunicación y la respuesta rápida a las necesidades, y también puede considerarse durante los estudios empresariales para satisfacer las necesidades de los clientes actuales. Al fin y al cabo, se trata de realizar una exploración continua de nuevos métodos de transformación empresarial en el entorno digital actual.

No hay duda de que el crecimiento de las compras online es uno de los ejemplos más evidentes de cómo atraer clientes a través de métodos de compra diferentes a los tradicionales. Es un sistema de comunicación entre compradores y vendedores que permite comprar e intercambiar productos en todo el mundo con un solo clic. La integración de soluciones o tecnologías de marketing online es un nuevo modelo que permite a las pequeñas empresas, multinacionales, empresas con recursos de marketing limitados y empresas tradicionales atraer nuevos clientes a través de ofertas, tiendas virtuales y apps para ampliar mercados, aumentar las ganancias y aumentar su oferta.

De esta manera, las empresas son conscientes de los problemas de la digitalización y están trabajando arduamente para cambiar sus modelos de negocio y sus plataformas para satisfacer las necesidades y deseos de sus clientes. Al introducirse en la venta online hay que contar con una plataforma digital sólida que tenga en cuenta el funcionamiento y entrega de pedidos, el seguimiento de las ventas y la comunicación con el cliente, todo respaldado y acompañado de tecnología, TI y soluciones.

 En la era de la transformación digital, donde la tecnología y la innovación cambian continuamente el entorno empresarial, las empresas deben adaptarse rápidamente.

Aquí es donde el modelo Canvas se convierte en una herramienta esencial y crea una combinación ganadora con la transformación digital.

3.2. Modelo de negocio o modelo business Canvas

Así pues, Canvas es una herramienta valiosa y efectiva que permite dibujar de manera precisa, fácil, permanente y racional, las ideas que pueden hacer realidad el modelo de negocios de la organización y tener una visión del mundo de una manera que respalde el proceso de creación de nuevos productos. Además, se adapta a los cambios del entorno y puede cambiar en cualquier momento según la situación.

La herramienta Canvas tiene dos partes, al igual que el cerebro. En el cerebro humano, el hemisferio derecho procesa información emocional y el hemisferio izquierdo procesa información auditiva.

En el modelo Canvas, la parte derecha se centra en los clientes y el valor que queremos aportarles y tiene la siguiente estructura:

1. Segmento de clientes.

2. Propuesta de valor.

3. Canales de distribución y comunicación.

4. Relación con el cliente.

5. Flujo de ingresos.

El lado izquierdo se relaciona con organizaciones y sistemas (activos y estructuras):

6. Recursos clave.

7. Actividades clave.

8. Socios clave.

9. Estructura de costes.

La unión entre estas dos áreas permite:

▶   Encontrar la ventaja competitiva que se quiere ofrecer.

▶   Ver la relación entre cada una de las áreas del negocio.

▶   Ayudar a entender la viabilidad económica.

A continuación se muestra la aplicación del modelo de negocio Canvas en la transformación digital de la empresa Airbnb.

Segmento de clientes (1)

Personas que buscan alojamiento durante sus viajes.
Personas que tienen propiedades para alquilar.
Grupos que necesitan alojamiento para vacaciones familiares.
Personas que viajan por trabajo y buscan alojamiento temporal.

Relación con los clientes (4)

Uso de chatbots y sistemas automatizados para proporcionar asistencia al cliente.
Fomentar una comunidad activa de anfitriones y viajeros a través de foros y eventos.

Canales (3)

Sitio web y aplicación móvil de Airbnb.
Publicidad en línea, redes sociales, y campañas de marketing por correo electrónico.

Flujo de ingresos (5)

Airbnb cobra una tarifa de servicio a los anfitriones y a los huéspedes.
Ofrecer servicios adicionales como experiencias locales y alquiler de automóviles.

Propuesta de valor (2)

Ofrecer una amplia gama de opciones de alojamiento, desde habitaciones individuales hasta casas completas.
Plataforma fácil de usar para buscar, reservar y pagar alojamientos.
Conectar a los viajeros con experiencias auténticas y locales durante su estancia.

Actividades clave (7)

Actualización continua del sitio web y la aplicación.
Mantener una comunidad activa de anfitriones y viajeros.

Recursos clave (6)

Infraestructura tecnológica para mantener el sitio web y la aplicación.
Marca reconocida y reputación en la industria.

Socios clave (8)

Proveedores clave de alojamiento en la plataforma.
Empresas que ofrecen servicios complementarios como limpieza y mantenimiento.
Proveedores de servicios de pago para procesar transacciones.

Estructura de costes (9)

Costes asociados con el desarrollo y mantenimiento de la plataforma.
Gastos en actividades de marketing y publicidad.
Costes operativos como soporte al cliente y gestión de la comunidad.

3.3. Modelos de negocio digital

Otro aspecto importante es que la transformación digital facilita nuevas formas de comunicación entre clientes y empresas.

De esta forma, en estos nuevos modelos de negocio digital, el cliente es el rey y quien marca las pautas, ya que las empresas son ágiles, cambian constantemente y se adaptan a gran velocidad a las nuevas tendencias que se introducen en el mercado.

Un **modelo de negocio digital** es "un prototipo de negocio que se desarrolla y crece en un entorno digital utilizando herramientas y recursos tecnológicos" (López Benítez, 2021).

Los modelos de negocio digital tienen características únicas, ya que son dinámicos, flexibles, ágiles y saben adaptarse a usuarios que cambian de opinión rápidamente.

Es precisamente este último aspecto el que da importancia a las tecnologías de la información que utilizan las empresas, permitiéndolas comprender y entender los mensajes subliminales que recibe la sociedad a través de las huellas digitales que dejan cada día en Internet.

La **huella digital** es el "rastro que deja un navegante de la red al visitar contenidos que han despertado en él un cierto interés" (López Benítez, 2021).

Toda la información sobre la actividad de los usuarios en Internet queda registrada, pero pocas personas lo saben. Además, esto es utilizado por las empresas para recopilar datos. Pocos usuarios se preocupan por borrar las huellas digitales, pero es posible.

A continuación, se muestran distintos modelos de negocio digital:

1. **E-commerce**
   - El modelo de negocio se basa en tiendas online o comercio electrónico.
   - Así, los productos y servicios se venden en esta plataforma y los clientes pueden realizar pedidos directamente.

2. **Marketplace**
   - Se trata de un modelo de negocio mucho más amplio que incluye muchas tiendas online. Se trata de un gran centro comercial.
   - Ejemplos: eBay, AliExpress, etc.

3. **Publicidad digital**
   - Es un modelo de negocio orientado a la creación de publicaciones digitales.
   - Ejemplos: cursos online, artículos de revistas digitales, contenido de blogs, etc.

4. **Productos informativos**

- Consiste en crear material comercial mediante publicación.

- Ejemplos: vídeos, libros electrónicos, guías descargables, etc.

4. Proceso de transformación digital en los canales de venta y comunicación

4.1. Áreas principales de convivencia entre la tecnología y el marketing

El área de ventas es uno de los pilares más competitivos de una empresa y los directores de marketing podrán aprovechar la tecnología para obtener una ventaja sobre sus competidores. Así, las nuevas tecnologías en ventas se han convertido en una necesidad indispensable en cada etapa del proceso de ventas.

Para explicar la importancia de su papel, veremos cuatro áreas principales donde la tecnología y el marketing conviven:

a) Automatización de equipos de ventas

El software de ventas proporciona muchas herramientas útiles para ayudar a los equipos con las operaciones administrativas de ventas, tales como:

⇨ Redactar llamadas y correos electrónicos de ventas.

⇨ Programar reuniones.

⇨ Planificar visitas de seguimiento.

⇨ Actualizar CRM.

Por ejemplo, hay una manera de escribir cada correo electrónico, llamada telefónica o visita comercial. Esto significa que los comerciales no tienen que escribirlo en un papel ni volver a llamar si la información es confusa o poco clara puesto que se graba y actualiza en tiempo real.

De esta forma, uno de los factores más importantes en la automatización de la fuerza de ventas es la inteligencia artificial.

Existen en el mercado sistemas de ventas con inteligencia artificial que ayudan específicamente a los agentes de ventas a capturar datos relacionados con visitas comerciales.

Otro aspecto donde el papel de las nuevas tecnologías en la gestión de ventas es fundamental es a través del uso de la geolocalización. Así, al usar capacidades de geolocalización y el enfoque del cliente, el sistema extrae información que considera importante para sus operaciones.

b) **Calidad de datos para análisis**

Debido a la naturaleza de su trabajo, los agentes comerciales pasan la mayor parte de su tiempo entre viajes de negocios. Por tanto, la información que se registra se crea instantáneamente. El problema con todo esto es que no solo sus datos están dispersos en diferentes notas, gráficos y hojas de cálculo, sino que, también, pierden su precisión cuando se agregan a su CRM durante el fin de semana.

La tarea de la tecnología de gestión de ventas es digitalizar este proceso y hacerlo lo más transparente y visible posible. Esto se hace proporcionando a los comerciales un conjunto de herramientas que pueden utilizar directamente frente a los clientes.

Cuando un cliente quiere realizar un nuevo pedido de compra, sus vendedores pueden usar su CRM móvil para completar el pedido en segundos.

Además, si algunos de sus clientes no están satisfechos con el último envío de un producto, se puede añadir esta información directamente en el sistema y notificar inmediatamente al equipo de atención al cliente para que los nuevos pedidos se puedan procesar lo más rápido posible.

c) **Decisiones comerciales**

El pronóstico de ventas es una herramienta importante para cualquier negocio porque permite predecir ventas futuras y tomar decisiones estratégicas basadas en previsiones realistas.

Para la previsión de ventas es importante recopilar y analizar datos de ventas anteriores. Esto implica revisar datos históricos de ventas, identificar patrones estacionales o tendencias a lo largo del tiempo y examinar factores que influyeron significativamente en resultados pasados.

Los conocimientos de un sistema CRM guían las decisiones sobre estrategia y áreas de enfoque. Sin embargo, si los datos son de mala calidad, la decisión final no será correcta.

En definitiva, nada demuestra mejor la importancia y el papel de las nuevas tecnologías en la gestión de ventas que la capacidad de maximizar la precisión de los datos recopilados por los vendedores.

d) Uso de Internet por los equipos de ventas

No hay duda de que la información, buena o mala, sobre productos o servicios está disponible para todos los clientes potenciales a través de numerosos medios digitales como foros, blogs, Facebook, X, etc.

Internet se ha convertido en una plataforma global donde los usuarios pueden compartir sus opiniones y experiencias sobre productos ya vendidos o a punto de venderse.

Pero los beneficios de las plataformas online no se limitan a los clientes.

Existen herramientas útiles para todos los aspectos de la dirección creativa y el equipo de ventas.

 En conclusión, el papel de las nuevas tecnologías en la gestión comercial es amplio y cada vez más importante. Desde la automatización de ventas hasta la participación del cliente online, todo funciona con algún tipo de tecnología.

4.2. Importancia del comercio electrónico

4.2.1. Introducción

La oferta y la demanda del mercado ha estado impulsada, fundamentalmente, por el crecimiento de Internet en este nuevo escenario económico.

La fuerza impulsora detrás de la cuarta revolución industrial son las nuevas tecnologías, que han contribuido al surgimiento y crecimiento del comercio electrónico como modelo de negocio esencial para la supervivencia de todas las actividades empresariales.

a) Internet y los consumidores

Internet abre un mundo de nuevas posibilidades para los consumidores, creando una variedad de actitudes y comportamientos entre los consumidores digitales:

▶ Buscan información sobre el producto.

▶ Comparan ofertas.

▶ Expresan interés en ciertas tendencias.

El comercio por Internet se ha desarrollado más en determinados sectores económicos. Esto facilita que los consumidores compren productos o servicios online de empresas de sectores que tienen una fuerte presencia en Internet.

Otro aspecto a considerar es el tipo de dispositivo móvil que utilizan los clientes para comprar online. Las transacciones de los internautas se realizan a través del ordenador (51% en España), pero la tendencia está cambiando y cada vez se realizan más compras a través de los teléfonos inteligentes.

b) **Las empresas**

En este contexto, las empresas están haciendo todo lo posible para adaptarse rápidamente, porque saben que los consumidores no siempre llevan consigo portátiles, sino teléfonos móviles que facilitan el acceso rápido a la información y al proceso de compra.

Los dispositivos móviles son dispositivos tecnológicos como teléfonos móviles, tabletas y portátiles que brindan a los usuarios acceso a Internet y son portátiles porque pueden usarse en cualquier lugar.

Estas tendencias requieren que las empresas creen plataformas de comercio online *responsive*.

Una plataforma *responsive* es aquella que se adapta a todos los dispositivos y se muestra y funciona correctamente en todas las resoluciones, tanto en dispositivos de escritorio como móviles.

En lugar de anunciar lo bueno que es un producto o servicio de forma online, es recomendable mostrar a los clientes cómo se benefician cuando compran un producto. Esto es lo que quieren los usuarios cuando buscan y exploran el mar de posibilidades que es Internet.

Las tiendas digitales que permiten el comercio online para empresas permiten a los usuarios tomar decisiones de compra evocando una serie de decisiones que tocan la parte más emocional del cliente.

4.2.2. Fases del proceso

Por estos motivos, abordar la transformación digital en las industrias comerciales no es una decisión apresurada. Se debe seguir el siguiente proceso:

▶ **Primera fase: conocimiento del mercado digital**

En esta etapa se debe segmentar a los clientes por género y edad, las redes sociales con las que más interactúan online y sus gustos.

▶ **Segunda fase: conocimiento de los pasos para construir una plataforma web de compras online**

Es necesario crear un sitio web nuevo y fresco con un proceso de compra ágil. Esto incluye redes sociales, fotos, vídeos e incluso canales de pago seguros.

▶ **Tercera fase: conocimiento para el desarrollo de nuevos productos y servicios**

Aquí se adaptan productos o se crean otros nuevos, pensando en los clientes online y creando productos atractivos que sean fáciles de recomendar. Antes de diseñar una plataforma de comercio electrónico, es necesario saber cómo funciona y dónde encontrar las audiencias a las que dirigirse para ofrecer sus productos y servicios.

En consecuencia, un cliente potencial se define como un individuo o entidad que se convierte en un posible comprador después de una investigación de mercado.

A medida que más y más consumidores exploran el panorama digital, muchos de ellos comprando en estos gigantescos supermercados virtuales, las empresas del siglo XXI deben posicionarse y establecerse donde se concentran los consumidores.

En el mundo actual de las redes sociales, donde los clientes comerciales potenciales se comunican entre sí todos los días, no tiene sentido que las empresas no lo hagan.

En resumen, la transformación digital ha impactado profundamente los canales de venta y comunicación al ampliar el alcance, mejorar la personalización, facilitar la interacción multicanal, aumentar la eficiencia operativa, transformar la competencia empresarial y plantear desafíos relacionados con la seguridad y la privacidad de los datos. Adaptarse a estos cambios es fundamental para el éxito continuo en el entorno comercial actual.

5. Proceso de transformación digital en los procesos

En la era de la transformación digital, las empresas se apresuran a implementar nuevas soluciones y adaptar procesos para **optimizar las funciones de gestión**. Pero como todo sucede tan rápido, gestionar este cambio presenta muchos desafíos. El nuevo mantra adoptado por todas las organizaciones es digitalizarse o morir. ¿Están a la altura del desafío?

Si bien cada iniciativa ha buscado adoptar herramientas del ecosistema digital, estos esfuerzos generalmente no alcanzan sus objetivos, o al menos no en el corto plazo.

Esto puede deberse en parte a estrategias deficientes de gestión del cambio destinadas a fomentar la adopción de cursos de acción para facilitar y controlar el cambio.

Además de la cultura necesaria para afrontar con confianza la transformación digital, también es necesario implementar soluciones que faciliten este cambio tecnológico, como, por ejemplo, un software de gestión empresarial u otras aplicaciones integradas que automatizan la estructuración y el análisis de datos.

Según muchos expertos, una de las principales razones por las que fracasan los esfuerzos de gestión del cambio es la resistencia de los propios empleados y la falta de apoyo de la dirección. A esto se suma el hecho de que las estrategias tradicionales de gestión del cambio pueden no ser adecuadas en esta era digital:

- Por un lado, los cambios que trae consigo la transformación digital son de naturaleza diferente a los que se han producido en otros momentos históricos recientes. Los cambios actuales implican un desarrollo coordinado en muchas áreas organizacionales debido a la escala, interdependencia y dinamismo de los sistemas.

- Por otro lado, el dinamismo del entorno laboral actual ofrece características singulares como la movilidad de los empleados, una mayor autonomía, nuevas metodologías o la descentralización del trabajo para la resolución de incidencias y estrategias de adaptación.

- La gestión del cambio tradicional no puede impulsar la transformación digital porque trata con los departamentos que componen una organización de forma fragmentada. Todos los procesos y sistemas de una empresa están interconectados. Un cambio en una parte afecta a una o más partes de alguna manera.

- Los enfoques aislados no consideran el impacto de los cambios en diferentes áreas de responsabilidad, ni crean el impulso necesario para lograr cambios fundamentales en la forma en que se gestiona una organización. En cambio, crean unidades pequeñas y desconectadas que no añaden valor. Esta desconexión puede ser creada involuntariamente por gerentes que adoptan una perspectiva conservadora e insular al introducir nuevas prácticas.

Independientemente de la escala del cambio en cualquier organización, la organización de actividades interdepartamentales es necesaria para crear conexiones entre todos los recursos, movilizarlos y crear las sinergias necesarias para resolver los desafíos restantes de este problema.

Hay dos **aspectos relevantes** a considerar:

⇨ Es muy importante el carácter del líder que sabe integrar todos los recursos y procesos bajo su visión global.

⇨ Los gestores de innovación deben establecer buenas relaciones con otros líderes y usuarios clave y ser vistos como una fuente de innovación y flexibilidad.

49

Se deben desarrollar estrategias apropiadas y debe haber una planificación rigurosa. De lo contrario, puede aumentar el resentimiento de los jefes de departamento, contribuyendo a su resistencia en la fase de rediseño del proceso. La frustración hace que los usuarios se muestren reacios a adoptar nuevas tecnologías y esta actitud puede retrasar el proceso de adaptación al cambio.

Si los líderes de equipo no se dan cuenta de su propio potencial y no se comprometen con la gran idea, no podrán contribuir al cambio ni promoverlo eficazmente entre sus subordinados. Esta es una de las razones más destacadas por las que una vez implementada la tecnología, es fácil encontrar errores en el funcionamiento de cualquier proceso.

6. Aspectos importantes de la transformación digital en las personas

6.1. El factor humano

Por encima de todo, el factor humano es la clave del éxito del proceso de transformación digital de una empresa. Esto significa que las cualidades humanas son más importantes que las propias herramientas tecnológicas. Cualquiera puede lograrlo, pero no todos tienen el talento para crear nuevos modelos de negocio y escalar la cultura en todo el panorama organizacional.

La conclusión es que la transformación digital de las personas es fundamental para las empresas.

Las personas participan en el proceso de transformación digital de una empresa por los siguientes motivos:

▶ Los clientes están en el centro de nuestra estrategia.

▶ El proceso requiere un cambio de mentalidad.

▶ El director general de la empresa tiene que promoverlo.

Esto significa que las personas están involucradas en cada etapa de la transformación digital. Además, ejecutar con éxito una estrategia digital requiere un cambio de mentalidad proactivo. Somos el verdadero impulsor, el motor principal y la variable más importante en el control de procesos.

- Proceso de transformación

Por ello, es importante invertir en formación y desarrollo para impulsar la transformación digital de las personas y de toda la empresa.

Muchos errores cometidos en el proceso de transformación digital surgen del miedo a lo desconocido, la cautela excesiva, la falta de claridad en la definición de actividades, la falta de recursos, la falta de apoyo de terceros y un progreso demasiado lento. En otras palabras, es causado por las acciones de las personas. Y esto nos obliga a repensar nuestro enfoque hacia la transformación digital.

Sí, es necesario cambiar nuestra forma de pensar, pero no podemos caer en la tentación del autocontrol. Por tanto, la revolución digital sugiere que los mayores cambios están dentro de nosotros. Así, los informes en tiempo real son necesarios para tomar mejores decisiones, pero el cambio no será completo a menos que actuemos de manera diferente, desarrollemos capacidades digitales y prioricemos a las personas como estrategia comercial para ayudar a las empresas a moverse e innovar más rápido.

Pero el viaje nunca termina, hay que adaptarse constantemente. Cualquier cambio en el ecosistema empresarial supone empezar de cero.

Además, aunque la tecnología es necesaria, por sí sola no es suficiente, de manera que no nos hace más inteligentes, pero sí nos hace más rápidos y flexibles. Esto significa que las personas están involucradas en cada etapa de la transformación digital.

Igualmente, el hecho de ejecutar con éxito una estrategia digital requiere un cambio de mentalidad proactivo. Las personas somos el verdadero impulsor, el motor principal y la variable más importante en el control de procesos.

Por ello, es importante invertir en formación y desarrollo para impulsar la transformación digital de las personas y de toda la empresa.

6.2. La transformación digital en los clientes

La transformación digital nos permite ampliar nuestras relaciones con las personas brindando confianza, personalización, intimidad y autenticidad. A continuación, se presentan algunas ideas que las empresas pueden utilizar para mejorar sus relaciones con los clientes:

a) Omnicanalidad

Se puede demostrar una relación personal de confianza al utilizar la omnicanalidad, ya que esta puede conectar todos los canales de relación con el usuario para que puedan compartir información sobre los clientes y sus experiencias. Por tanto, una relación establecida por teléfono puede continuar ininterrumpidamente online o en la tienda. De esta manera, las personas dejan de ver canales o contactos, y pasan a verte como un amigo o alguien que conocen. Para ello, solo se debe conectar la base de datos al sistema de soporte. Y esto, ahora, es posible con la tecnología.

b) **Más proximidad y cercanía**

También se pueden utilizar más la proximidad y la cercanía. Esto posibilita:

- Recopilar toda la información de diferentes interacciones con clientes.

- Descubrir qué han preguntado, qué compran o por qué productos y servicios se han interesado.

- Realizar un análisis de toda esa información y averiguar sus necesidades o deseos.

- Comparar su comportamiento con el de otros y deducir qué le puede interesar.

c) **Big data y aprendizaje automático**

El big data y el aprendizaje automático pueden hacer esto al construir un recomendador inteligente y ayudar a tomar mejores decisiones, de modo que cuando sus clientes lo vean, se les personalicen los mensajes según su situación. También se puede adaptar la siguiente mejor oferta no solo a su estrategia de marketing, también a sus clientes. No solo se aumentarán las opciones de ventas y marketing, sino que la gente tomará la iniciativa y lo apreciará.

d) **Chatbots**

Los chatbots, con la ayuda de la inteligencia artificial, pueden comprender y expresarse en lenguaje natural, convirtiéndose en buenos comunicadores y representantes de la empresa.

e) **Realidad aumentada**

La realidad aumentada posibilita que el cliente vea en la pantalla múltiples cosas, como, por ejemplo, el tipo de producto que quiere comprar o cómo se puede solucionar algún problema técnico.

 Todas estas tecnologías y más se pueden lograr a través de la transformación digital de los procesos de relación.

La transformación digital brinda nuevas herramientas para cultivar las interacciones con las personas y escucharlas.

7. Proceso de transformación digital en las finanzas

La transformación digital es un proceso importante para las empresas actuales y la gestión financiera no es una excepción. La introducción de nuevas tecnologías y la implementación de soluciones digitales están cambiando la forma en que las organizaciones gestionan las finanzas y toman decisiones en este ámbito.

Para realizar la transformación digital de la gestión financiera, es importante comprender la **importancia de la empresa digital en el proceso**. Las organizaciones que utilicen con éxito tecnologías digitales y disruptivas tendrán una ventaja en el mercado actual.

Las empresas digitales son aquellas que utilizan **tecnologías digitales** en sus actividades comerciales para crear nuevos productos y servicios, mejorar la eficiencia y eficacia organizacional, aumentar la influencia y permanecer online.

Hoy en día es importante que las empresas incluyan el desarrollo web, el comercio electrónico y el marketing digital en todas sus estrategias. La clave del éxito de una empresa digital radica en la capacidad de adaptarse a los cambios y mejorar continuamente. Esta inteligencia y flexibilidad son fundamentales para la transformación financiera.

Además, las empresas digitales también tienen la capacidad de recopilar y analizar grandes cantidades de información, lo que les permite tomar decisiones de inversión inteligentes e informadas. La disponibilidad de datos es fundamental para monitorear y medir el progreso de la transformación digital.

La transformación digital de la gestión financiera puede aportar muchos beneficios a las empresas. Una de las mayores ventajas es la automatización, que ahorra tiempo y reduce el error humano a la hora de gestionar las finanzas. Además, las mejoras en la comunicación interna y externa provocadas por la tecnología digital facilitan la colaboración y la toma de decisiones.

Otro beneficio importante de la transformación digital en la gestión financiera es la capacidad de **mejorar la gestión de datos**. Utilizando nuevas tecnologías como el análisis de datos y la inteligencia artificial, las empresas pueden recopilar y analizar información financiera para tomar mejores decisiones.

En definitiva, estos beneficios generan más beneficios y aunque la transformación digital requiere una pequeña inversión, los beneficios a largo plazo son enormes.

Otro gran desafío es implementar la **tecnología disruptiva adecuada e integrarla** en las finanzas de una empresa. Por ejemplo, el uso de contabilidad digital, análisis de datos y soluciones de gestión, así como el uso de inteligencia artificial en la toma de decisiones financieras, son difíciles.

Para superar estos desafíos, es importante lograr el equilibrio adecuado entre la introducción de nuevas tecnologías y el uso de técnicas de gestión del cambio organizacional. El éxito no reside en la introducción de nuevas tecnologías y procesos, sino en una fuerte cultura organizacional de cambio y el compromiso de los empleados para implementar los cambios necesarios.

 En conclusión, la transformación digital está impactando profundamente en el sector financiero, desde la forma en que se realizan las operaciones hasta la manera en que se interactúa con los clientes. Si bien ofrece numerosas oportunidades para mejorar la eficiencia y la experiencia del cliente, también plantea desafíos en términos de seguridad, competencia y cumplimiento normativo.

8. Aplicación de los conocimientos en casos de estudio

8.1. Sector turístico

8.1.1. Ejes tecnológicos

En el sector turístico existen varios **ejes tecnológicos** que forman la columna vertebral de esta transformación digital que permite a las empresas crear relaciones y experiencias bidireccionales más intensas con los clientes, mejorar sus ventas y productividad, optimizar sus operaciones, acceder a nuevas oportunidades de negocio o cambiar mentalidades. Veamos cada uno de ellos:

- **Nube**: se entiende por computación en la nube la recopilación, gestión y procesamiento de datos (todos distribuidos a través de Internet) y por **data** los productos y servicios digitales relacionados con los datos.

- **Móvil**: es todo el ecosistema de dispositivos móviles conectados a Internet y todas las plataformas, servicios y aplicaciones relacionados.

- **Internet de las cosas**: es el conjunto de dispositivos y objetos conectados a Internet, con especial atención a la domótica y las aplicaciones de detección.

- **Social** (redes sociales y economía colaborativa): son plataformas digitales que permiten a los usuarios participar, colaborar, compartir e intercambiar contenidos, bienes y servicios.

De esta manera, **estos cuatro pilares tecnológicos forman la base de esta transformación digital**. Esto permite a las empresas crear relaciones y experiencias más centradas y bidireccionales con sus clientes y aumentar los ingresos y la productividad, así como perfeccionar sus operaciones, acceder a nuevas oportunidades de negocio y pasar de una mentalidad centrada en el producto a una orientada al servicio.

- **Sector turístico**

El sector turístico es un sector activo que utiliza activamente información y transacciones en todas las etapas de la cadena de valor. Este sector cuenta con una oferta y una demanda potencial amplia y diversa que puede cuantificarse en miles de millones de personas y requiere de grandes sistemas intermediarios que alguna vez fueron físicos, pero que se transformaron con la llegada de Internet.

Este cambio ha llevado a la desaparición de muchos agentes y, a menudo, al surgimiento de otros en el mundo tecnológico. La innovación de servicios y la creación de nuevos modelos de negocio han cambiado la cadena de valor general. Así, estos cuatro ejes tecnológicos son elementos importantes de la cadena de valor. En parte, esto se debe a que los usuarios y las empresas los ven como herramientas que simplifican los procesos y ahorran costes.

También se deberían incluir las redes sociales donde los turistas comparten sus experiencias y la economía colaborativa donde el contenido y las reseñas de los usuarios juegan un papel importante antes, durante y después del viaje.

8.1.2. Análisis de los ejes

Analicemos un poco más cada uno de los ejes de transformación digital:

a) Cloud o nube

Hoy en día, el ecosistema de la industria turística se basa principalmente en el acceso a Internet, es decir, en transacciones electrónicas y servicios prestados a través de Internet (por ejemplo, la implementación y uso de soluciones en la nube).

Algunos de los nuevos modelos que han surgido en el crecimiento de la nube son metabuscadores, etc. Es el servicio más popular en el sector de viajes y se ha expandido a otras áreas, permitiéndote comparar precios de hoteles, billetes de avión, casas rurales, etc.

- **Booking**: es una empresa líder en el sector turístico que ofrece servicios de reservas de alojamiento online. Si bien Booking no es una empresa que se enfoque exclusivamente en servicios de computación en la nube, sí utiliza tecnología en la nube para respaldar gran parte de sus operaciones y servicios online. Su objetivo es permitir a todos los viajeros elegir y reservar diferentes viajes de vacaciones o de negocios por todo el mundo de una forma sencilla, eficaz y económica, independientemente de su presupuesto. Al asociarse con hoteles, intenta conseguir las tarifas más competitivas, a cambio de proporcionarles la plataforma que recibe una gran cantidad de visitantes todos los días. Su modelo de negocio se basa en el pago de comisiones a los hoteles. El éxito de la empresa no se debe a la gran publicidad o promoción, sino a las opiniones y reseñas de los usuarios. La empresa utiliza esta función, con un lugar en su portal para que los clientes vean y hablen sobre su estancia y actividades que serían útiles para futuros clientes. Al igual que sus competidores, ofrece una amplia gama de funciones de promoción móvil, lo que la convierte en la opción más popular entre los consumidores.

- **eDreams**: es una agencia de viajes online con sede en Barcelona. Fundada en el año 2000 se ha convertido en una de las principales empresas de reserva de viajes en Europa. La empresa ofrece a sus usuarios la posibilidad de buscar y reservar vuelos, hoteles, paquetes vacacionales, alquiler de coches y otros servicios relacionados con los viajes a través de su plataforma en línea. Opera, principalmente, en Europa, aunque también tiene presencia en otros mercados internacionales. En cuanto a su infraestructura tecnológica, ha adoptado soluciones basadas en la nube para gestionar su plataforma online y ofrecer servicios de reserva de viajes de manera eficiente y escalable. Al aprovechar la tecnología en la nube, la empresa puede adaptarse rápidamente a las demandas del mercado y proporcionar una experiencia de usuario óptima a sus clientes. Ha sido pionera en la integración de tecnología y datos para personalizar la experiencia de reserva de viajes, ofreciendo recomendaciones personalizadas y ofertas adaptadas a las preferencias de cada usuario. Esta capacidad de personalización se ha convertido en un aspecto clave de su estrategia para diferenciarse en el competitivo mercado de las agencias de viajes online. En resumen, eDreams es un ejemplo de empresa turística que ha aprovechado las ventajas de la computación en la nube para ofrecer servicios de reserva de viajes eficientes, escalables y personalizados a través de su plataforma en línea.

b) Móvil

Los turistas y viajeros utilizan cada vez más dispositivos móviles. A medida que nos adentramos en el siglo XXI, los viajeros dependen cada vez más de los teléfonos inteligentes y las tabletas, que son indispensables en todos los aspectos de los viajes. Esta tendencia se ha convertido en un catalizador de cambios a los que la industria de viajes debe adaptarse.

- **Paradores de Turismo de España**: la cadena hotelera estatal española comenzó a implementar una solución basada en el uso de tabletas, con aplicaciones diseñadas específicamente para cada parador. Esta aplicación proporcionaba información práctica sobre viajes, ocio y hoteles y mejora la experiencia del cliente. También incluía una guía de "qué hacer" para los usuarios en la que proporciona información local de turismo y ocio. Además, los clientes podían reservar diversos servicios del hotel con un solo clic en la tableta.

- **Diputación de Málaga**: puso en marcha una aplicación interactiva de realidad aumentada, destinada a promocionar el turismo en la provincia, y está disponible para los sistemas operativos iOS y Android. Cualquier visitante o residente en la provincia de Málaga con un terminal compatible podía visitar atractivos turísticos (monumentos, parajes naturales, gasolineras, cajeros automáticos, etc.) más próximos. La aplicación también permitía llamar o enviar un correo electrónico para contactar con el museo, acceder a la web de la Diputación de Málaga para obtener más información, escuchar presentaciones o ver presentaciones en vídeo. El acceso a la información se realizaba a través de una interfaz de realidad aumentada que proporcionaba información de ubicación de atractivos turísticos cercanos hasta fotografías tomadas con la cámara del móvil. Cada punto aparecía como una imagen adjunta a la imagen real que el usuario estaba viendo y el usuario podía usar la solución de radar y la vista de 360° para orientar dónde está el punto de interés y en dónde se encuentra.

c) **Internet de las cosas**

Una de las principales revoluciones tecnológicas que se están produciendo en la actualidad es el Internet de las cosas. Y su presencia en el sector turístico cambia la oferta y la demanda turística, transformando la relación entre los viajeros y toda la cadena de valor del sector.

La combinación de tecnologías como el big data, *wearables* (relojes y pulseras inteligentes) y *beacons* transformará los productos y servicios turísticos desde la planificación, la distribución y el marketing hasta la comunicación con el cliente, su fidelización y la gestión de marca.

- **Ayuntamiento de las Palmas de Gran Canaria**: este ayuntamiento fomentó el turismo de compras en la ciudad mediante la implantación de un sistema de comunicación basado en *beacons* en los principales destinos turísticos. Los *beacons* son pequeños dispositivos que envían mensajes que pueden ser interpretados por dispositivos inteligentes, principalmente teléfonos móviles. Este proyecto comenzó después de que la ciudad fuera seleccionada como destino turístico inteligente por el Ministerio competente. El objetivo era incrementar el turismo de compras y el gasto de los visitantes en las tiendas de la ciudad. El sistema permitía enviar mensajes a través de *beacons* a los teléfonos inteligentes y tabletas de los turistas dentro de un alcance de hasta 50 metros. Estos turistas necesitaban descargar la aplicación adecuada y, cuando se acercaban a los *beacons*, el sistema abría la aplicación y les enviaba información sobre ofertas, descuentos, promociones, productos y servicios de comercios cercanos. Este proyecto pretendía satisfacer las necesidades del turista digital, diversificar la oferta del destino y evaluar sus recursos.

- **The Walt Disney Company**: desde 2014, ha estado utilizando dispositivos portátiles para mejorar las experiencias de los huéspedes y conectarse con los visitantes en algunos de sus parques y complejos. En concreto, usan una pulsera, denominada MagicBand, que está basada en tecnología RFID y puede ser identificada mediante lectores especiales en las instalaciones de la empresa. La pulsera permite entrar al parque o a la habitación del hotel, comprar alimentos y bebidas o recibir fotografías de los parques a través de una cuenta online. Disney siempre ha querido ser uno de los líderes, especialmente en la carrera digital. El uso de la pulsera junto con análisis de big data puede ayudar a mejorar la experiencia del cliente. Por ejemplo, los visitantes pueden proporcionar los datos de su tarjeta de crédito para no tener que llevar la cartera al parque, o los padres, pueden proporcionar información sobre sus hijos, como nombres o cumpleaños, para que cuando los niños con pulseras hagan fila para tomar fotos, los personajes se dirijan a ellos por su nombre y personalizar la experiencia. Estas características crean valor para Disney al alentar a los usuarios a usar la pulsera y al mismo tiempo recibir más información sobre sus alojamientos y vacaciones.

d) Social y economía colaborativa

Uno de los grandes cambios que ha experimentado el sector turístico reciente-mente es el impacto y las consecuencias de las redes sociales y las plataformas colaborativas.

Las emociones y expectativas experienciales impulsan las decisiones de compra por lo que es importante que las agencias de viajes estén al tanto de las tendencias sociales clave. Esto implica desarrollar planes de marketing y ventas, que incluyan aprender sobre nuevos patrones de consumo, anticipar las necesidades y expectativas de los viajeros digitales y conocer el potencial de las redes sociales.

Al utilizar las redes sociales se producen beneficios como la personalización e identificación de nuevos mercados o la diferenciación y el posicionamiento de marca.

- **TripAdvisor**: es una empresa de tecnología enfocada en viajes que opera mediante una plataforma online que ofrece reseñas de viajes, opiniones de hoteles, restauran-tes y actividades turísticas. Fundada en 2000, TripAdvisor se ha convertido en una de las plataformas de viajes más populares y visitadas en Internet. Los usuarios pueden escribir y leer reseñas de hoteles, restaurantes, atraccio-nes turísticas y otros negocios relacionados con los viajes. Estas reseñas son fundamentales para que otros viajeros tomen decisiones informadas sobre sus destinos y activi-dades. Permite a los usuarios comparar precios de hoteles y reservar alojamientos directamente a través de su plata-forma. También proporciona herramientas para encontrar vuelos y alquileres de automóviles. La plataforma cuenta con una comunidad activa de viajeros que participan en foros de discusión, donde comparten consejos, experien-cias y recomendaciones de viaje. Gran parte del contenido en TripAdvisor es generado por los propios usuarios, lo que proporciona una perspectiva auténtica y variada sobre destinos turísticos en todo el mundo. TripAdvisor tiene una presencia significativa en las redes sociales, donde comparte contenido relacionado con viajes, promociones y reseñas destacadas. Sus perfiles en plataformas como Facebook, Instagram y X les permiten interactuar con su audiencia y mantenerse actualizados sobre las últimas tendencias y noticias en la industria de viajes.

- **Petit Palace**: es una cadena hotelera española que destaca por ofrecer alojamientos de calidad en ubicaciones céntricas de las principales ciudades de España y en otros destinos internacionales. La empresa se fundó en 2001 y desde entonces ha experimentado un crecimiento significativo, expandiendo su presencia tanto a nivel nacional como internacional. Petit Palace está presente en diversas plataformas de redes sociales como Facebook, Instagram, X y LinkedIn. Estas plataformas permiten llegar a diferentes segmentos de audiencia y adaptar su contenido según la plataforma. La empresa se compromete a interactuar con sus seguidores de manera regular. Responden a comentarios, preguntas y mensajes directos de los usuarios, lo que crea una relación más cercana con su audiencia y fomenta la confianza en la marca. La empresa también colabora con influencers y socios estratégicos en la industria del turismo para amplificar su alcance en redes sociales y llegar a nuevas audiencias de manera efectiva. En resumen, Petit Palace ha sabido aprovechar las redes sociales como una herramienta poderosa para promover sus servicios, interactuar con su audiencia y fortalecer su presencia en la industria turística. Su enfoque en contenido visual atractivo, interacción con los seguidores y promoción de ofertas especiales ha contribuido al éxito de su estrategia en redes sociales.

8.2. Sector ONG

Al igual que el mundo empresarial, el tercer sector debe adaptarse y evolucionar rápidamente para hacer frente a la velocidad y los desafíos de estos cambios.

La digitalización también abre nuevas oportunidades para mejorar significativamente el impacto y la eficiencia de las actividades del tercer sector.

Según algunos estudios, ha habido tres olas de transformación que se pueden aplicar a las ONG para determinar lo que realmente se necesita en cuanto al posicionamiento y misión de cada organización. Las etapas del desarrollo de la gestión de la experiencia del usuario son las siguientes:

1. **Ola 1: era del CRM**. La automatización de procesos permite obtener información de socios, donantes y beneficiarios, analizando tendencias y mecanizando actividades de marketing y comunicación.

2. **Ola 2: era del fan**. Las herramientas por sí solas no son suficientes, hay que comprender las experiencias, opiniones y recomendaciones de los usuarios para tomar decisiones. Incluye analizar experiencia y practicar escucha activa.

3. **Ola 3: era de la inteligencia**. La información, los datos, la inteligencia artificial y la nube se integran para analizar los problemas en profundidad y aportar diversas soluciones.

Estas olas, ya introducidas en los sectores minorista y de consumo altamente orientados al cliente, también pueden trasladarse al mundo social para mejorar y optimizar la conversación con los usuarios. Sin duda, esto conducirá a mejoras sustanciales en los resultados y el desempeño de las respectivas tareas. Saber dónde estamos y el camino a seguir es el primer paso para abordar los cambios que otros ya han experimentado y beneficiarse de sus experiencias.

Según Marta Colomina, las nuevas tecnologías y las innovaciones digitales pueden dominar, quitar atención y convertirse en un fin en sí mismas, pero en realidad debería ser todo lo contrario.

La tecnología debe ser una herramienta útil que te permita centrarte en cómo lograr tu misión creando experiencias diferenciadas. En el corazón de la innovación digital está la capacidad de encontrar nuevas formas de interactuar entre nosotros.

Construimos un diálogo fluido con todos los involucrados para alcanzar los objetivos sociales de la organización y proponemos nuevos enfoques a los problemas que intentamos resolver.

Para Jorge Planes, Senior Manager de PwC, algunas lecciones empresariales clave que las fundaciones y ONG pueden aprender son las siguientes:

▶ Tener un plan.

▶ Evaluación de inversiones.

▶ Economías colaborativas.

▶ Aprovechar el tejido de empresas emergentes.

▶ Generar fans: más exigentes.

▶ Mayor foco en escuchar.

▶ Transformación externa e interna.

Save the Children es una organización no gubernamental (ONG) que trabaja en todo el mundo para mejorar la vida de los niños, garantizando que tengan acceso a una educación de calidad, atención médica, protección contra la explotación y el abuso, y oportunidades para crecer en entornos seguros y saludables. La organización se fundó en el Reino Unido en 1919 y ha crecido para convertirse en una de las ONG más grandes y reconocidas internacionalmente que se dedica exclusivamente a los derechos de la infancia.

En cuanto a su transformación digital, ha estado adoptando tecnologías digitales para mejorar la eficiencia de sus operaciones, llegar a más personas de manera efectiva y mejorar la transparencia en sus programas. Algunas de las formas en que ha implementado la transformación digital incluyen:

- Uso de datos para la toma de decisiones: recopila y analiza datos sobre las comunidades y poblaciones con las que trabaja, lo que les permite tomar decisiones informadas sobre dónde y cómo intervenir para maximizar el impacto de sus programas.

- Comunicación y recaudación de fondos en línea: la organización utiliza plataformas digitales y redes sociales para aumentar la conciencia sobre sus causas, comunicar sus logros y recaudar fondos de manera más eficiente.

- Educación a distancia: especialmente durante la pandemia, Save the Children ha utilizado la tecnología para brindar educación a distancia a niños en áreas donde el acceso a la educación presencial es limitado o imposible.

- Seguimiento y evaluación remotos de programas: utilizando tecnologías digitales, la organización puede monitorear y evaluar el progreso de sus programas de manera remota, lo que permite ajustes rápidos y eficientes según sea necesario.

- Plataformas de participación comunitaria: Save the Children ha desarrollado plataformas digitales para fomentar la participación comunitaria, permitiendo a las personas involucrarse en la planificación y ejecución de programas que afectan directamente a sus comunidades.

En resumen, Save the Children ha adoptado una serie de estrategias digitales para mejorar su alcance, eficacia y transparencia en la consecución de su misión de proteger y mejorar la vida de los niños en todo el mundo.

8.3. Más casos de estudio

a) Amazon

Desde su inicio como una librería en línea, Amazon ha evolucionado constantemente, incorporando nuevas tecnologías para mejorar la experiencia del cliente, desde recomendaciones personalizadas hasta la implementación de inteligencia artificial en su plataforma.

b) Netflix

Originalmente un servicio de alquiler de DVD por correo se transformó en un gigante del streaming al apostar por la distribución digital de contenido. Utilizando algoritmos de recomendación y análisis de datos, Netflix personaliza la experiencia de visualización para sus usuarios.

c) Tesla

Tesla revolucionó la industria automotriz al introducir vehículos eléctricos de alto rendimiento con características avanzadas de conducción autónoma. Además, la empresa utiliza datos recopilados de sus vehículos en la carretera para mejorar continuamente sus sistemas de conducción autónoma.

d) Starbucks

Starbucks ha integrado tecnologías digitales en su experiencia en la tienda, como pagos móviles y programas de fidelización a través de su aplicación. Esto ha mejorado la conveniencia para los clientes y ha proporcionado a la empresa una mayor comprensión de los hábitos de consumo.

e) McDonald's

La cadena de restaurantes de comida rápida ha implementado kioscos de autoservicio y aplicaciones móviles para realizar pedidos, lo que agiliza el proceso de compra y proporciona opciones de personalización a los clientes.

f) Alibaba

La empresa china Alibaba ha revolucionado el comercio electrónico en China y a nivel mundial al proporcionar una plataforma digital integral que conecta a consumidores y vendedores. Su enfoque en la innovación tecnológica, como la inteligencia artificial y el comercio electrónico móvil, ha impulsado su crecimiento.

La transformación digital es fundamental para la supervivencia y el éxito a largo plazo de las empresas en un entorno empresarial cada vez más digitalizado y competitivo. Aquellas que abrazan esta transformación pueden **aprovechar sus beneficios** para mejorar la eficiencia, la innovación y la experiencia del cliente, mientras que las que se quedan atrás corren el riesgo de quedar obsoletas.

Asimismo, la transformación digital no solo es adoptar nuevas tecnologías, sino también **repensar y transformar** fundamentalmente la forma en que una empresa opera y crea valor para sus clientes. Aquellas empresas que logren integrar con éxito la tecnología digital en su modelo de negocio estarán mejor posicionadas para prosperar en el futuro competitivo.

La transformación digital ha redefinido por completo la forma en que las empresas se comunican y venden, proporcionando **nuevas oportunidades** para mejorar la experiencia del cliente, aumentar la eficiencia operativa y mantener la competitividad en un mercado en constante evolución.

El impacto de la transformación digital en los procesos empresariales es fundamental para mejorar la eficiencia, la innovación, la experiencia del cliente y la competitividad en un mundo cada vez más digitalizado. Las empresas que adoptan y se adaptan a estas nuevas tecnologías tienen más probabilidades de **prosperar en el futuro**.

Además, la transformación digital está teniendo un impacto profundo en la forma en que las personas trabajan, se comunican, cuidan de su salud y experimentan el mundo que les rodea. Es fundamental que las personas **se adapten** a estos cambios y **desarrollen** habilidades digitales para prosperar en la economía digital actual.

Igualmente, la transformación digital está **remodelando** profundamente el sector financiero, mejorando la accesibilidad, eficiencia, innovación y seguridad de los servicios financieros ofrecidos, y transformando la forma en que las personas gestionan sus finanzas personales y las empresas administran sus operaciones financieras.

TEST DE UNIDADES DIDÁCTICAS

ENUNCIADOS

Unidad 1

1. **¿Qué es la transformación digital?:**

   a) La digitalización de procesos físicos.
   b) El proceso de incorporar tecnología digital en todos los aspectos de una organización.
   c) La conversión de datos analógicos a digitales.
   d) La automatización de tareas administrativas.

2. **¿Qué papel juega la inteligencia artificial en la transformación digital?:**

   a) No tiene ningún papel.
   b) Es únicamente un tema de investigación sin aplicaciones prácticas.
   c) Puede ser utilizada para automatizar procesos y mejorar la toma de decisiones.
   d) Solo es relevante en el campo de la robótica.

3. **¿Cuál de las siguientes tecnologías no suele estar asociada con la transformación digital?:**

   a) Inteligencia artificial.
   b) Blockchain.
   c) Fax.
   d) Internet de las cosas.

4. **¿Cuál es la principal diferencia entre digitalización y transformación digital?:**

   a) La digitalización se refiere al uso de tecnologías digitales, mientras que la transformación digital implica cambios profundos en la cultura y procesos de una organización.
   b) Digitalización y transformación digital son términos intercambiables y significan lo mismo.
   c) La digitalización se centra en la automatización de procesos, mientras que la transformación digital se enfoca en la implementación de hardware.
   d) Ninguna es correcta.

69

5. **¿Qué papel juega la digitalización en el crecimiento económico?:**

   a) La digitalización no afecta al crecimiento económico.
   b) La digitalización puede ser un obstáculo para el crecimiento económico.
   c) La digitalización impulsa el crecimiento económico al aumentar la eficiencia y la innovación.
   d) La digitalización solo beneficia a las grandes empresas, no al crecimiento económico en general.

6. **¿Cuál de los siguientes pilares se centra en mejorar la interacción y la satisfacción del cliente?:**

   a) Automatización de procesos.
   b) Experiencia del cliente.
   c) Tecnología.
   d) Cultura del cambio.

7. **¿Cuál de las siguientes opciones es un beneficio clave de la transformación digital para las empresas?:**

   a) Reducción de costes operativos.
   b) Aumento de la burocracia.
   c) Disminución de la flexibilidad organizativa.
   d) Incremento de la dependencia en procesos manuales.

8. **¿Cuál de las siguientes actividades es prioritaria al iniciar un proceso de transformación digital en una empresa?:**

   a) Actualizar todos los sistemas informáticos de la empresa.
   b) Realizar un análisis exhaustivo de las necesidades y objetivos de la empresa.
   c) Contratar a un equipo de expertos en tecnología.
   d) Implementar nuevas herramientas tecnológicas sin evaluar su impacto.

9. **¿Cuál de las siguientes opciones describe mejor la digitalización?:**

   a) Implementación de nuevas tecnologías en procesos existentes.
   b) Cambio fundamental en la cultura organizacional.
   c) Estrategia centrada en la mejora de la experiencia del cliente.
   d) Automatización de tareas manuales.

10. **¿Cuál de las siguientes opciones es un ejemplo de transformación digital?:**

a) Actualizar el hardware de una empresa para utilizar la última tecnología disponible.
b) Capacitar a los empleados en el uso de software de gestión de proyectos.
c) Redefinir la estrategia de negocio de una empresa para centrarse en la experiencia del cliente a través de canales digitales.
d) Ninguna es correcta.

Unidad 2

1. **¿Cuál de los siguientes enunciados describe mejor la transformación digital cultural?:**

   a) Se centra únicamente en la adopción de nuevas tecnologías.

   b) Implica cambios profundos en los valores, creencias y comportamientos de una organización.

   c) Se limita a la implementación de software y hardware sin considerar aspectos culturales.

   d) Es un proceso exclusivo para grandes empresas.

2. **¿Cuál de las siguientes acciones corresponde a una transformación digital enfocada en la mejora de la experiencia del cliente?:**

   a) Implementación de un sistema de gestión de inventario en tiempo real.

   b) Desarrollo de un chatbot para brindar atención al cliente las 24 horas.

   c) Digitalización de procesos de reclutamiento y selección de personal.

   d) Actualización de la infraestructura de red para mejorar la seguridad de datos.

3. **¿Qué habilidades son fundamentales para un líder digital?:**

   a) Capacidad para trabajar solo de manera aislada.

   b) Fuertes habilidades de comunicación digital.

   c) Resistencia al cambio y aversión a la tecnología.

   d) Conocimiento limitado sobre las últimas tendencias tecnológicas.

4. **¿Cuál es el papel de un líder digital en la promoción de la innovación dentro de la empresa?:**

   a) Limitar el acceso a nuevas ideas.

   b) Fomentar la resistencia al cambio.

   c) Estimular la creatividad y apoyar la implementación de nuevas ideas.

   d) Ignorar las tendencias tecnológicas emergentes.

5. ¿Qué elemento del modelo de negocio Canvas se centra en cómo una empresa se comunica y entrega su propuesta de valor a los clientes en el entorno digital?:

   a) Relaciones con los clientes.
   b) Segmentos de clientes.
   c) Canales.
   d) Actividades clave.

6. ¿Cuál de las siguientes afirmaciones describe mejor un marketplace?:

   a) Un modelo de negocio donde una empresa vende sus propios productos exclusivamente.
   b) Una plataforma que permite a los usuarios compartir sus opiniones sobre productos.
   c) Un gran centro comercial online donde múltiples vendedores ofrecen sus productos o servicios.
   d) Un sistema de entrega de productos a domicilio.

7. ¿Cuál de las siguientes afirmaciones describe mejor la importancia de la huella digital en la transformación digital?:

   a) Es irrelevante en el contexto de la transformación digital.
   b) Ayuda a personalizar la experiencia del cliente.
   c) Limita la accesibilidad a la tecnología digital.
   d) Ninguna es correcta.

8. ¿Qué significa que una plataforma de comercio electrónico sea *responsive*?:

   a) Que se adapta y funciona correctamente en diferentes dispositivos y tamaños de pantalla.
   b) Que ofrece un servicio de atención al cliente las 24 horas del día.
   c) Que permite a los usuarios realizar compras sin necesidad de registrarse.
   d) Que responde rápidamente a las consultas de los clientes.

9. ¿Por qué es importante que una plataforma de comercio electrónico sea responsive en la actualidad?:

   a) Porque ayuda a reducir el costo de mantenimiento del sitio web.
   b) Porque la mayoría de las compras online se realizan desde dispositivos móviles.
   c) Porque permite implementar tácticas de marketing en redes sociales.
   d) Porque proporciona seguridad adicional a los datos de los clientes.

10. **¿Cuál de las siguientes estrategias de marketing digital es más efectiva para impulsar las ventas en un sitio de e-commerce?:**

a) Enviar correos electrónicos masivos a una lista de contactos comprada.
b) No tener presencia en redes sociales.
c) Utilizar ventanas pequeñas (pop-ups) emergentes en cada página del sitio web.
d) Publicar regularmente contenido relevante en un blog corporativo.

TEST DE UNIDADES DIDÁCTICAS

SOLUCIONES

Unidad 1

1. b) El proceso de incorporar tecnología digital en todos los aspectos de una organización.

   La transformación digital no se limita simplemente a la digitalización de procesos físicos o la conversión de datos analógicos a digitales, sino que implica la integración y adopción de tecnologías digitales en todas las áreas y procesos de una organización.

2. c) Puede ser utilizada para automatizar procesos y mejorar la toma de decisiones.

   La inteligencia artificial desempeña un papel fundamental en la transformación digital al permitir la automatización de procesos, el análisis avanzado de datos y la mejora de la toma de decisiones mediante algoritmos y modelos predictivos, entre otras aplicaciones.

3. c) Fax.

   El fax es una tecnología obsoleta y analógica que no se asocia típicamente con la transformación digital. Las otras opciones (inteligencia artificial, blockchain, Internet de las cosas) son tecnologías digitales que suelen estar involucradas en procesos de transformación digital.

4. a) La digitalización se refiere al uso de tecnologías digitales, mientras que la transformación digital implica cambios profundos en la cultura y procesos de una organización.

   La digitalización se refiere al proceso de convertir información analógica en formato digital. En cambio, la transformación digital va más allá de simplemente adoptar tecnologías digitales; implica cambios fundamentales en la forma en que una organización opera y entrega valor, incluyendo la cultura, la estructura organizativa y los modelos de negocio.

5. c) La digitalización impulsa el crecimiento económico al aumentar la eficiencia y la innovación.

   La digitalización puede mejorar la eficiencia en la producción y distribución de bienes y servicios, así como impulsar la innovación en diferentes sectores económicos, lo que a su vez contribuye al crecimiento económico al aumentar la productividad y generar nuevas oportunidades comerciales.

6. b) Experiencia del cliente.

   La experiencia del cliente es fundamental en la transformación digital, ya que implica mejorar la forma en que los clientes interactúan con la empresa a través de canales digitales, lo que conduce a una mayor satisfacción y fidelidad del cliente.

7. a) Reducción de costes operativos.

La transformación digital a menudo permite a las empresas automatizar procesos, lo que conduce a una reducción significativa de los costes operativos.

8. b) Realizar un análisis exhaustivo de las necesidades y objetivos de la empresa.

Antes de tomar decisiones apresuradas, es crucial comprender las necesidades específicas y los objetivos de la empresa. Un análisis exhaustivo permite identificar áreas críticas, definir metas claras y alinear la estrategia de transformación digital con los objetivos comerciales a largo plazo.

9. a) Implementación de nuevas tecnologías en procesos existentes.

La digitalización implica la incorporación de tecnologías digitales en los procesos existentes para mejorar la eficiencia y la productividad. No implica necesariamente un cambio cultural o estratégico profundo.

10. c) Redefinir la estrategia de negocio de una empresa para centrarse en la experiencia del cliente a través de canales digitales.

La transformación digital implica cambios profundos en la estrategia de negocio, como reorientar el enfoque hacia la experiencia del cliente utilizando canales digitales, lo que va más allá de simplemente actualizar hardware o capacitar empleados en el uso de software.

Unidad 2

1. b) Implica cambios profundos en los valores, creencias y comportamientos de una organización.

   La transformación digital cultural no trata solo de tecnología, sino, también, de cambiar la mentalidad y la forma en que una organización opera y se relaciona con la tecnología.

2. b) Desarrollo de un chatbot para brindar atención al cliente las 24 horas.

   El desarrollo de un chatbot para brindar atención al cliente las 24 horas es una iniciativa que busca mejorar la experiencia del cliente al proporcionar un servicio de atención rápido y disponible en todo momento. Las otras opciones no están directamente relacionadas con la experiencia del cliente.

3. b) Fuertes habilidades de comunicación digital.

   Las habilidades de comunicación digital son fundamentales para un líder digital, ya que permiten una comunicación efectiva en un entorno digital. Esto incluye habilidades para utilizar diversas plataformas de comunicación, comprender y utilizar datos digitales y transmitir información de manera clara y efectiva a través de medios digitales.

4. c) Estimular la creatividad y apoyar la implementación de nuevas ideas.

   Un líder digital desempeña un papel crucial al fomentar un ambiente que estimula la creatividad y apoya la implementación de nuevas ideas, lo que impulsa la innovación dentro de la empresa y contribuye al éxito a largo plazo.

5. c) Canales.

   Los canales en el Canvas representan cómo una empresa se comunica y entrega su propuesta de valor a los clientes, lo que es crucial en el contexto de la transformación digital donde los canales digitales desempeñan un papel importante.

6. c) Un gran centro comercial online donde múltiples vendedores ofrecen sus productos o servicios.

   Un marketplace es un gran centro comercial online donde múltiples vendedores pueden ofrecer sus productos o servicios, proporcionando a los clientes una variedad de opciones para comprar.

7. b) Ayuda a personalizar la experiencia del cliente.

   La huella digital permite recopilar datos sobre el comportamiento y las preferencias de los clientes, lo que puede utilizarse para personalizar servicios y productos, mejorando así la experiencia del cliente en la transformación digital.

8. a) Que se adapta y funciona correctamente en diferentes dispositivos y tamaños de pantalla.

   Una plataforma responsive es aquella que se ajusta automáticamente al dispositivo en el que se está visualizando, ya sea un ordenador de escritorio, una tableta o un teléfono móvil, proporcionando una experiencia de usuario óptima en cada caso.

9. b) Porque la mayoría de las compras online se realizan desde dispositivos móviles.

   Con el aumento del uso de dispositivos móviles para acceder a Internet, es fundamental que las plataformas de comercio electrónico sean responsive para brindar una experiencia de usuario óptima y aumentar las ventas.

10. d) Publicar regularmente contenido relevante en un blog corporativo.

   Publicar contenido relevante en un blog corporativo ayuda a atraer tráfico orgánico al sitio web, mejora el SEO y establece la autoridad de la marca, lo que puede conducir a un aumento en las ventas en e- commerce.

TEST DE EVALUACIÓN FINAL

ENUNCIADOS

Evaluación Final

1. **¿Cuál de las siguientes opciones describe mejor un aspecto clave de la transformación digital?:**

   a) Implementar nuevas tecnologías sin cambiar la cultura organizativa.
   b) Centrarse únicamente en mejorar la eficiencia operativa sin considerar la experiencia del cliente.
   c) Integrar tecnologías digitales en todos los aspectos del negocio y promover un cambio cultural hacia la innovación y la adaptabilidad.
   d) Ninguna es correcta.

2. **¿Cuál es uno de los efectos económicos negativos de la digitalización en algunos sectores tradicionales?:**

   a) Incremento de la demanda de mano de obra calificada.
   b) Reducción de los costes de producción.
   c) Desplazamiento de empleos.
   d) Mayor estabilidad financiera.

3. **¿Cuál de los siguientes no es considerado un pilar fundamental de la transformación digital?:**

   a) Automatización.
   b) Sostenibilidad.
   c) Análisis de datos.
   d) Ignorar la nube.

4. **¿Qué pilar de la transformación digital se centra en la creación de un entorno que fomente la colaboración, la experimentación y el aprendizaje continuo?:**

   a) Cultura organizacional o empresarial.
   b) Innovación tecnológica.
   c) Datos y análisis.
   d) Experiencia del cliente.

5. **¿Cuál de las siguientes actividades es fundamental para una transformación digital exitosa?:**

   a) Actualizar el software una vez al año.
   b) Formar al personal en nuevas tecnologías.
   c) Mantener los procesos manuales sin cambios.
   d) Ignorar las tendencias tecnológicas actuales.

6. **¿Cómo puede un líder digital influir en el desarrollo de habilidades digitales en su equipo?:**

   a) Ignorando la importancia de las habilidades digitales.
   b) Proporcionando oportunidades de formación y desarrollo.
   c) Desalentando el uso de herramientas digitales.
   d) Limitando el acceso a la tecnología en el lugar de trabajo.

7. **¿Cuál de los siguientes no es un componente del modelo Canvas?:**

   a) Alianzas clave.
   b) Segmento de clientes.
   c) Competidores principales.
   d) Estrategia de precios.

8. **¿Por qué es importante para las empresas monitorear su huella digital en el proceso de transformación digital?:**

   a) Para garantizar que la empresa esté siempre a la vanguardia en tecnología.
   b) Para identificar oportunidades de mejora en la seguridad física.
   c) Para entender cómo los clientes interactúan con la marca en el entorno digital.
   d) Para reducir la necesidad de inversión en infraestructura tecnológica.

9. **¿Cuál es uno de los principales beneficios de la transformación digital en el ámbito del comercio electrónico?:**

   a) Reducción de la seguridad en las transacciones.
   b) Aumento de la complejidad en la gestión de inventario.
   c) Mejora en la experiencia del cliente.
   d) Disminución de la velocidad de entrega.

10. **¿Cuál es uno de los principales beneficios de la transformación digital en las finanzas?:**

    a) Mejora en la toma de decisiones basada en datos.
    b) Aumento de la complejidad en los procesos.
    c) Reducción de la eficiencia operativa.
    d) Mayor dependencia de procesos manuales.

TEST DE EVALUACIÓN FINAL

SOLUCIONES

Evaluación Final

1. **c)** *Integrar tecnologías digitales en todos los aspectos del negocio y promover un cambio cultural hacia la innovación y la adaptabilidad.*

> La transformación digital no trata solo de tecnología, sino, también, de cambiar la mentalidad y la cultura organizativa para adoptar nuevas formas de trabajar e innovar.

2. **c)** *Desplazamiento de empleos.*

> La digitalización a menudo implica la automatización de tareas, lo que puede llevar al desplazamiento de empleos en sectores tradicionales, lo que a su vez puede tener impactos económicos negativos en las comunidades afectadas.

3. **d)** *Ignorar la nube.*

> La nube es un componente esencial de la transformación digital, permitiendo el acceso a recursos escalables, almacenamiento de datos eficiente y colaboración en línea. Ignorar la nube podría limitar significativamente las capacidades digitales de una organización.

4. **a)** *Cultura organizacional o empresarial.*

> La cultura organizacional o empresarial se refiere al conjunto de valores, creencias y comportamientos que caracterizan a una organización. En el contexto de la transformación digital, una cultura organizacional adecuada es aquella que fomenta la colaboración, la experimentación y el aprendizaje continuo para adaptarse rápidamente a los cambios tecnológicos y del mercado.

5. **b)** *Formar al personal en nuevas tecnologías.*

> La formación del personal en nuevas tecnologías es esencial para asegurar que la empresa pueda adoptar eficazmente las herramientas digitales necesarias para la transformación. Sin una capacitación adecuada, el personal puede enfrentar dificultades para adaptarse a los cambios y utilizar eficazmente las nuevas tecnologías.

6. **b)** Proporcionando oportunidades de formación y desarrollo.

> Un líder digital debería promover el desarrollo de habilidades digitales en su equipo proporcionando oportunidades de formación y desarrollo, permitiendo que el personal adquiera las competencias necesarias para enfrentar los desafíos digitales.

7. **d)** Estrategia de precios.

> La estrategia de precios no es un componente directo del modelo Canvas. Sin embargo, puede influir en varios elementos del modelo, como los ingresos y los costos. La estrategia de precios se aborda generalmente de manera más detallada fuera del lienzo, pero aún es crucial para el éxito del modelo de negocio.

8. **c)** Para entender cómo los clientes interactúan con la marca en el entorno digital.

> Monitorear la huella digital ayuda a las empresas a comprender mejor cómo interactúan los clientes con su marca en el entorno digital, lo que permite adaptar estrategias para satisfacer mejor sus necesidades y mejorar la experiencia del cliente.

9. **c)** Mejora en la experiencia del cliente.

> La transformación digital en el comercio electrónico busca, entre otras cosas, mejorar la experiencia del cliente. Esto incluye proporcionar interfaces de usuario intuitivas, personalización de contenidos, procesos de compra eficientes y servicios posventa optimizados.

10. **a)** Mejora en la toma de decisiones basada en datos.

> La transformación digital permite recopilar, analizar y utilizar datos de manera más efectiva, lo que lleva a una toma de decisiones más informada y estratégica.

GLOSARIO

Apache spark

Motor de código abierto más rápido para aplicaciones de inteligencia artificial y aprendizaje automático, impulsado por la comunidad de código abierto más grande en big data.

Beacons

Pequeños dispositivos que envían mensajes que pueden ser interpretados por dispositivos inteligentes, principalmente teléfonos móviles.

Big data

Herramienta cuya función principal es recopilar, gestionar y analizar grandes cantidades de datos.

Computación en la nube

Densidad de servicios en la nube, que es un área donde la inteligencia artificial recibe, comparte y comparte información dinámica en Internet.

CRM

Estrategia de marketing relacional que entiende que su tesoro más importante son sus clientes y hace todo lo posible por ponerlos en el foco de toda su atención.

Cultura del cambio

Se centra en orientar la estrategia digital y gestionar la innovación digital, con el objetivo de hacer que las organizaciones sean ágiles, inteligentes, empoderadas y flexibles ante diversos cambios.

Design thinking

Proceso destinado a encontrar soluciones a los problemas partiendo de un reto. Se divide en cinco partes: empatía, definición, ideación, prototipado y validación. Una vez que se completa el trabajo, se puede regresar a cualquier fase para comenzar una nueva iteración.

Digitalización

Mejora de los procesos, servicios y operaciones comerciales mediante el uso de las habilidades adecuadas para integrar el nuevo entorno digital en el negocio. En definitiva, se puede resumir como el traspaso de la información de un formato físico a un entorno digital.

E-commerce

Modelo de negocio que se basa en tiendas online o comercio electrónico. Así, los productos y servicios se venden en esta plataforma y los clientes pueden realizar pedidos directamente.

ERP

Herramienta informática que permite gestionar los diferentes departamentos de una empresa y que proporciona acceso instantáneo a la información. Ayuda a mejorar la competencia, la productividad y la eficiencia mediante el uso de una única base de datos para optimizar y cambiar los procesos.

Gobierno de datos

Tiene como objetivo promover y apoyar el uso de datos en una organización mediante la gestión del ciclo de datos. Esto les ayudará a tomar mejores decisiones en función de sus necesidades y comprender la organización.

Growth hacking

Disciplina que permite ver el número de usuarios, los ingresos o el rendimiento de la empresa más rápido con la menor cantidad de dinero y esfuerzo.

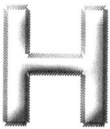

Huella digital

Rastro que deja un navegante de la red al visitar contenidos que han despertado en él un cierto interés.

Inteligencia artificial

Incluye algoritmos diseñados para crear capacidades humanas y de máquinas. Se trata de una tecnología que todavía nos resulta lejana y misteriosa, pero que está presente en nuestro día a día desde hace muchos años.

Internet de las cosas

Formas de conectar cosas cotidianas a Internet, desde elementos comunes como bombillas hasta productos sanitarios como dispositivos médicos; también dispositivos personales inteligentes e incluso sistemas de ciudades inteligentes.

Kaizen

Metodología de manera continua que se centra en estrategias de desarrollo aplicables en diferentes ámbitos, como nuestra sociedad o la vida personal. Cuando se utiliza en los negocios, el objetivo es crear una cultura corporativa en la que participen todos los empleados. Al eliminar el desperdicio del proceso de fabricación, el proceso de mejora comienza a tomar decisiones y avanzar en el tiempo, en lugar de retroceder.

Kanban

Metodología que propone una nueva forma de gestionar las cosas fácilmente, diseñada para provocar un aumento en el rendimiento de las personas. Para lograr esto, se proporciona una distribución constante del trabajo, incluido el monitoreo del flujo de trabajo para que se puedan realizar los cambios apropiados durante todo el proceso con el fin de aumentar la eficiencia.

Lean startup

Enfoque de trabajo que está enfocado a la excelencia y el aprendizaje continuo, lo que permite crear, medir y aprender de los errores a través de un proceso iterativo que se adapta al panorama industrial emergente.

Lean UX

Metodología ágil enfocada a la creación de productos digitales a través de equipos multifuncionales e iteración continua. En lugar de adoptar un enfoque fijo y estático, lean UX adopta un enfoque revolucionario para crear, medir y aprender.

Líder digital

Profesional altamente capacitado y preparado para afrontar los desafíos de integrar nuevas tecnologías a los sistemas empresariales.

Machine learning

Disciplina del campo de la inteligencia artificial en la que, a través de algoritmos, los ordenadores pueden identificar patrones en datos masivos (big data) y hacer predicciones (análisis predictivo). Este aprendizaje permite a las computadoras realizar ciertas tareas de forma independiente, es decir, sin programación.

Marketplace

Modelo de negocio mucho más amplio que incluye muchas tiendas online. Se trata de un gran centro comercial.

Modelo de negocio Canvas

Herramienta creativa e innovadora que permite entender de forma rápida, fácil y clara dónde se encuentra ahora la empresa, qué activos tiene y el camino que debe tomar para alcanzar sus objetivos a través de nueve bloques.

Modelo de negocio digital

Prototipo de negocio que se desarrolla y crece en un entorno digital utilizando herramientas y recursos tecnológicos.

MongoDB

Sistema de gestión de bases de datos no relacional (DBMS) de código abierto que utiliza registros dinámicos en lugar de tablas y filas para organizar y almacenar diferentes tipos de datos.

Móvil

Todo el ecosistema de dispositivos móviles conectados a Internet y todas las plataformas, servicios y aplicaciones relacionados.

Power BI

Plataforma interactiva y escalable para inteligencia empresarial (BI) y automatización.

Productos informativos

Crear material comercial mediante publicación.

Publicidad digital

Modelo de negocio orientado a la creación de publicaciones digitales.

Responsive

Diseño que adapta el contenido de desarrollo web a la pantalla del dispositivo en el que se va a utilizar.

Scrum

Proceso de gestión de proyectos que ayuda a los equipos a utilizar valores, principios y prácticas para diseñar y gestionar proyectos. El método Scrum anima a los equipos a aprender de la experiencia, mejorarse a medida que resuelven problemas y reflexionar sobre sus éxitos y fracasos para mejorar.

SEM *(Search Engine Marketing)*

Se trata de crear anuncios o enlaces patrocinados en los motores de búsqueda, es decir, marketing en buscadores.

SEO *(Search Engine Optimization)*

Optimización de motores de búsqueda. Consiste en hacer que el contenido aparezca en los primeros resultados de búsqueda.

Servicios web

Medio de comunicación y comunicación entre máquinas conectadas a Internet. En el mundo online se han vuelto muy populares, tanto en sitios web como en lugares públicos. Generalmente la comunicación se basa en el envío de solicitudes y respuestas entre el cliente y el servidor, que incluyen datos.

Social

Plataforma digital que permite a los usuarios participar, colaborar, compartir e intercambiar contenidos, bienes y servicios.

Social CRM

Herramienta de gestión de relaciones con los clientes que aprovecha la información disponible de las personas en las redes sociales.

Software de gestión de proyectos

Reúne equipos para que todos en la organización puedan coordinar tareas críticas.

Software de recursos humanos

Herramienta digital diseñada para facilitar la contratación, gestión y control de los recursos humanos en una organización. Estos recursos están diseñados para automatizar procesos para mejorar la gestión de los empleados y reducir la burocracia.

Soluciones de tecnologías de la información (TI)

Conjunto de aplicaciones y servicios software destinados a almacenar, recuperar, transmitir y manipular los datos generales en las empresas.

Tableau

Novedosa plataforma que posibilita buscar y organizar la información. Asimismo, permite descubrir y compartir información más rápidamente a fin de generar grandes cambios en los negocios y en el mundo.

Transformación digital

Proceso de integrar tecnologías digitales en una empresa para optimizar sus operaciones. Esto conlleva planificar cambios estratégicos e implantar un cambio de mentalidad basado en tecnologías como inteligencia artificial, la nube, Internet de las cosas, automatización y otras herramientas.

Virtualización de escritorios (VDI)

Se refiere al uso de máquinas virtuales para configurar y administrar escritorios virtuales. La VDI aloja el espacio del escritorio en un servidor central y lo asigna a los usuarios según sea necesario.

BIBLIOGRAFÍA

WEBGRAFÍA

Bibliografía

- *La transformación digital en el sector turístico*. Fundación Orange. 2016. Disponible en: **https://www.fundacionorange.es/wp-content/uploads/2016/05/eE_La_transformacion_digital_del_sector_turistico.pdf**

- Caralt, E., Carreras, I. y Sureda, M.: *La transformación digital en las ONG. Conceptos, soluciones y casos prácticos*. Programa ESADE-PwC de Liderazgo Social, 2016-2017.Noviembre, 2017. Disponible en: **https://www.pwc.es/es/fundacion/assets/transformacion-digital-en-las-ong-pwc-esade-iis.pdf**

- López Benítez, Y.: *Transformación digital en la empresa*. IC Editorial. 1ª Edición. 2021.

- Pablo Villar, J. y Mendoza, C. R.: *Impacto de la transformación digital en España: 1998-2023*. Fundación Orange 25 años. 28 de junio de 2023. Disponible en: **https://fundacionorange.es/25a/informe/Informe-25a.pdf**

Webgrafía

- 3 metodologías para innovar en transformación digital

  https://quodem.com/blog/metodologias-innovar-transformacion-digital/

- Business Model Canvas y su impacto en la transformación de un Modelo de Negocio

  https://ideox.net/business-model-canvas/

- Cómo hacer un pronóstico de ventas: el método de suavizamiento exponencial

  https://www.forcemanager.com/es/blog/como-hacer-un-pronostico-de-ventas/

- Design Thinking. Descubre la metodología más potente de innovación

  https://designthinkingespaña.com/

- Diferencias entre digitalización y transformación digital

  https://www.telefonica.com/es/sala-comunicacion/blog/diferencias-entre-digitalizacion-y-transformacion-digital/

- El modelo Canvas y la transformación digital: Una combinación ganadora

  https://esuad.com/modelo-canvas-transformacion-digital/

- Impacto de la transformación digital en la gestión financiera

  https://insightfinanciero.com/transformacion-digital/

- La importancia de la transformación digital en las empresas

  https://www.posizionate.com/blog/la-importancia-de-la-transformacion-digital-en-las-empresas

- La transformación digital de la relación con el cliente: confianza, personalización, cercanía y dedicación

  https://www.telefonica.com/es/sala-comunicacion/blog/la-transformacion-digital-de-la-relacion-con-el-cliente-confianza-personalizacion-cercania-y-dedicacion/

- La transformación digital y su impacto en las empresas

  https://www.workmeter.com/blog/transformacion-digital/

- Lean UX

  https://www.idento.es/blog/desarrollo-web/lean-ux-que-es/

- Los 9 Módulos del Modelo CANVAS

  https://yamilethcalvo.com/blog/los-9-modulos-del-modelo-canvas

- Los 12 mejores software de gestión de proyectos en 2024

  https://asana.com/es/resources/best-project-management-software

- Los 9 mejores software de recursos humanos y sus características

  https://blog.hubspot.es/service/software-de-recursos-humanos

- Los beneficios de la transformación digital

  https://cpl.thalesgroup.com/es/software-monetization/benefits-of-digital-transformation

- Los cinco pilares de la transformación digital

  https://compasss.cermi.es/blog/los-cinco-pilares-de-transformacion-digital

- Metodologías innovadoras para crear la empresa del futuro

  https://futurizable.com/metodologias-innovacion/

- ¿Qué es la Inteligencia Artificial?

  https://www.iberdrola.com/innovacion/que-es-inteligencia-artificial

- Qué es la transformación digital: características, proceso y ejemplos

  https://blog.hubspot.es/sales/transformacion-digital

- Qué es la transformación digital y por qué es necesaria para cualquier negocio

  https://www.ttandem.com/blog/estrategia-que-es-la-transformacion-digital-y-por-que-es-necesaria-para-cualquier-negocio/

- Qué es el 'machine learning'

  https://www.iberdrola.com/innovacion/machine-learning-aprendizaje-automatico

- ¿Qué es el método ‹Lean Startup› y por qué es efectivo?

  https://www.bbva.com/es/innovacion/que-es-el-metodo-lean-startup-y-por-que-es-efectivo/

- Qué es el Growth Hacking y cómo aplicarlo paso a paso

  https://www.iebschool.com/blog/que-es-growth-hacking-como-aplicarlo-marketing-marketing-digital/

- ¿Qué es MongoDB?

  https://www.ibm.com/mx-es/topics/mongodb

- Qué es Scrum y cómo empezar

  https://www.atlassian.com/es/agile/scrum

- ¿Qué son las soluciones TI?

  https://dynamizatic.es/soluciones-ti

- SEO y SEM: Qué son, cómo se diferencian y por qué utilizarlas

  https://www.tiendanube.com/mx/blog/seo-y-sem/

- Servicios Web: qué son y qué tecnología usar en su desarrollo

  https://www.arsys.es/blog/web-services-desarrollo#Que_es_y_como_funciona_un_servicio_web

- Software ERP: qué es, tipologías y ejemplos

  https://www.wolterskluwer.com/es-es/expert-insights/que-es-un-software-erp-tipos-y-ejemplos

- Tableau ayuda a las personas y las organizaciones a aprovechar más el uso de los datos

  https://www.tableau.com/es-es/why-tableau/what-is-tableau

- Tecnología y ventas: transformación digital de la fuerza de ventas

  https://www.forcemanager.com/es/blog/tecnologia-y-ventas/

- Transformación digital de las personas

  https://www.grupocibernos.com/blog/transformacion-digital-de-las-personas

- Transformación digital de los procesos de gestión

  https://www.datadec.es/blog/transformacion-digital-de-procesos-de-gestion

- Transformación Digital: ¿Cuál es su impacto en la sociedad?

  https://dacartec.com.co/transformacion-digital-cual-es-su-impacto-en-la-sociedad/

- Transformación digital, el reto al que se suman las empresas españolas

  https://www.ttandem.com/blog/estrategia-transformacion-digital-el-reto-al-que-se-suman-las-empresas-espanolas/

- Transformación Digital en las empresas: características y tecnología

  https://impactotic.co/micrositios-tic/sectorti/transformacion-digital-en-las-empresas-caracteristicas-y-tecnologia/

- Transformación Digital y nuevos modelos de negocio

  https://revistaempresarial.com/tecnologia/inteligencia-de-negocios/transformacion-digital-y-nuevos-modelos-de-negocio/